THE BIG SCREAM written by Fiona Macdonald and illustrated by David Antram
Copyright © The Salariya Book Company Ltd 2018
Korean translation copyright © 2020 Bookmentor Publishing Co., Ltd.
This edition published by arrangement with Salariya Book Company Ltd through LENA Agency, Seoul.
All rights reserved.

이 책의 한국어판 저작권은 레나 에이전시를 통한 저작권자와 독점 계약으로 북멘토가 소유합니다.
신저작권법에 의하여 한국 내에서 보호를 받는 저작물이므로 무단 전재 및 복제를 금합니다.

세상에서 가장
끔찍하고 무서운 100가지

오싹오싹
공포 세계사

피오나 맥도널드 글 · 데이비드 앤트럼 그림
문주선 옮김

북멘토

머리말

무섭고 끔찍하고 소름 끼치는
오싹오싹 공포 세계로 초대합니다!

이 책을 보고 있는 친구들은 극한 공포와 스릴을 즐기는 편인가요?
설령 그렇더라도 미리 조심하라는 경고를 하고 싶어요. 책을 펼쳐 보면
세상에서 가장 무섭고 끔찍하고 소름 끼치는 이야기들이 쏟아지거든요.
고대 이집트의 썩지 않는 시체,
살벌하고 위험천만한 올림픽 경기,
잔인무도한 악당과 해적, 사납고
포악하기로 유명한 바이킹,
흉악하고 무자비한 왕들,
사람을 잡아먹는 사람들,
무덤을 파헤치는 시체 사냥꾼,
치명적인 독을 가진 벌레와 잔혹한 육식 동물,
신화에 등장하는 미노타우로스와 메두사,
보름달이 뜨면 변신하는 늑대인간,
인간의 피를 빨아 먹는 뱀파이어,
세상 사람들을 공포에 떨게 했던
별별 사건과 사고들!

그동안 몹시 궁금했던 것들, 어쩌면 무섭고 끔찍해서 절대로 알고 싶지 않았던 것들까지 다 읽게 될 거예요.
그래서 친구들이 관심 있거나 흥미 있는 이야기를 먼저 골라 읽는 방법을 추천하고 싶어요. 1번부터 순서대로 읽을 필요가 없다는 말이에요.
친구들이 특별히 관심을 가지고 있는 이야기가 있나요? 차례를 쭉 살펴보고 원하는 이야기의 페이지를 찾아가세요. 단, 그러기 전에 먼저 숨을 깊이 들이쉬고 긴장을 풀어야 해요.
모든 준비가 되었다면 이제부터 공포 세계사 속으로 한 발 한 발 조심해서 들어가 볼까요?

자, 출발!

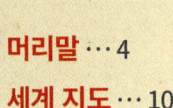

차례

머리말 … 4
세계 지도 … 10

1장 무시무시한 고대 문명

1 고대 이집트인은 뭘 먹었을까? … 14
2 고대 이집트인은 어떤 형벌을 받았을까? … 16
3 피라미드를 만들다가 죽는다고? … 18
4 미라는 어떻게 만들었을까? … 20
5 붉은 머리카락을 가진 최초의 미라 … 22
6 투탕카멘의 저주라고? … 24
7 왕비의 미라를 성형했다고? … 26
8 동물 미라는 왜 만들었을까? … 28
9 내 얼굴에 감히 상처를 내다니! … 30
10 죽어서도 못 쉬는 람세스 2세 … 32
11 네시아문은 왜 혀를 내밀고 있을까? … 34
12 부서진 얼굴로 미라가 된 세케넨레 타오 2세 … 36
13 비명을 지르는 미라 … 38
14 고대 그리스인들의 도시 생활은 어땠을까? … 40
15 고대 그리스인들은 어떻게 이동했을까? … 42
16 전쟁 같은 올림픽 경기 … 44
17 의술이야, 미신이야? … 46
18 로마 병사들의 죽기 아니면 까무러치기 … 48
19 로마인들의 종교와 미신 … 50
20 화산재에 뒤덮여 버린 폼페이 … 52

2장 잔인한 악당들

- 21 '피 묻은 도끼'로 불린 에리크 1세 … 56
- 22 '왕실의 괴물'로 불린 헨리 8세 … 58
- 23 '왕들의 여왕'으로 통한 클레오파트라 … 60
- 24 가장 많은 영토를 잃어버린 존 왕 … 62
- 25 피비린내 나는 정치를 한 로베스피에르 … 64
- 26 학자를 죽이고 책을 불태운 진시황제 … 66
- 27 '천둥 황제'라 불린 이반 4세 … 68
- 28 드라큘라로 유명한 블라드 3세 … 70
- 29 아프리카를 착취한 레오폴드 2세 … 72
- 30 로마의 폭군, 네로 황제 … 74
- 31 '마이소르의 호랑이'라 불린 티푸 술탄 … 76
- 32 로마군의 피를 즐겨 마신 부디카의 군대 … 78
- 33 살인을 일삼는 탐험가, 에르난 코르테스 … 80
- 34 "주사위는 던져졌다!" 율리우스 카이사르 … 82
- 35 '악마의 아들'이라 불린 벤케이 … 84
- 36 유럽을 공포에 떨게 한 아틸라 … 86
- 37 '꼬마 하사관'이라 불린 나폴레옹 … 88
- 38 살라딘과 리처드 1세의 대결 … 90
- 39 '신의 아들'이라 불린 알렉산드로스 대왕 … 92
- 40 몽골 제국을 건설한 칭기즈 칸 … 94
- 41 교수형에 처해진 해적 선장, 윌리엄 키드 … 96
- 42 최고의 바이킹으로 꼽히는 스웨인 애슬라이프슨 … 98
- 43 '가장 해적다운 해적' 앤 보니와 메리 리드 … 100
- 44 '해적 왕'이라 불린 헨리 에이버리 … 102
- 45 '피의 선장'이라 불린 헨리 모건 경 … 104
- 46 세계 일주를 한 최초의 선장, 프랜시스 드레이크 경 … 106
- 47 '붉은 수염'이라 불린 바르바로사 형제 … 108
- 48 남편의 해적단을 이어받은 정이 사오 … 110
- 49 후크 선장의 모델, 바솔로뮤 로버츠 … 112

50   '검은 수염'으로 불린 에드워드 티치 … 114
51   전설의 마피아, 알 카포네 … 116
52   '길 위의 신사'라 불린 딕 터핀 … 118
53   황야의 무법자, 빌리 더 키드 … 120
54   방탄복을 만든 악당, 네드 켈리 … 122
55   전설적인 무법자, 제시 제임스 … 124
56   여행자를 잡아먹은 식인 강도, 소니 빈 … 126
57   '피의 백작 부인'이라 불린 에르제베트 바토리 … 128
58   형제도 남편도 죽이는 보르자 가문 … 130
59   목을 졸라 죽이는 서기단 … 132
60   시체 사냥꾼, 버크와 헤어 … 134

3장 섬뜩한 생명체들

61   바다의 폭군, 백상아리 … 138
62   치명적인 독을 품은 브라질떠돌이거미 … 140
63   초원의 제왕, 사자 … 142
64   상어도 죽이는 바다악어 … 144
65   수많은 질병을 퍼트리는 쥐 … 146
66   아프리카의 난폭한 동물, 하마 … 148
67   피부에서 독을 내뿜는 독화살개구리 … 150
68   가장 위험한 독뱀, 킹코브라 … 152
69   치명적인 독을 쏘는 상자해파리 … 154
70   말라리아를 퍼뜨리는 모기 … 156
71   무시무시한 이빨을 가진 마시아카사우루스 … 158
72   눈썹 뼈가 무기인 에오카르카리아 디놉스 … 160
73   세 개의 뿔이 있는 트리케라톱스 … 162
74   하늘을 나는 공룡, 케찰코아틀루스 … 164
75   밤에 사냥하는 공룡, 트로오돈 … 166
76   거대한 해양 파충류, 크로노사우루스 … 168

77	민첩한 사냥꾼, 알로사우루스 … 170
78	무리 지어 사냥하는 메가랍토르 … 172
79	공룡의 제왕, 티라노사우루스 렉스 … 174
80	등에 큰 돌기가 있는 스피노사우루스 … 176
81	세상을 파멸시킬 수 있는 천둥새 … 178
82	뱃사람을 유혹하는 반인반수, 인어 … 180
83	외눈박이 식인 괴물, 키클롭스 … 182
84	전설 속의 괴물, 크라켄 … 184
85	머리는 황소, 몸은 사람인 괴물 미노타우로스 … 186
86	눈 속의 거인, 예티 … 188
87	보름달이 뜨는 밤에 변신하는 늑대인간 … 190
88	머리카락이 뱀인 메두사 … 192
89	피를 빨아 먹는 뱀파이어 … 194
90	행운과 불운의 상징, 용 … 196

9장 수상한 사건 사고

91	무인도에 세워진 라파 누이 … 200
92	눈 속에서 시체가 발견된 디아틀로프 협곡 사건 … 202
93	유럽을 휩쓴 춤 전염병, 죽음의 춤 … 204
94	야생 소년 빅터 … 206
95	공포심이 만들어 낸 환상, 필라델피아 실험 … 208
96	배와 비행기가 사라지는 버뮤다 삼각지대 … 210
97	투탕카멘의 저주로 알려진 카나번 경의 죽음 … 212
98	유령의 집으로 알려진 아미티빌 사건 … 214
99	텅 빈 채로 항해하는 메리 셀레스트호 … 216
100	외계인의 지구 침공으로 알려진 로스웰 사건 … 218

알기 쉽게 풀이한 용어들 … 220

세계 지도

1. 에리크 1세
2. 헨리 8세
3. 클레오파트라
4. 존 왕
5. 로베스피에르
6. 진시황
7. 이반 4세
8. 블라드 3세
9. 레오폴드 2세
10. 네로 황제
11. 티푸 술탄
12. 부디카
13. 에르난 코르테스
14. 율리우스 카이사르
15. 벤케이와 요시츠네
16. 아틸라
17. 나폴레옹
18. 살라딘과 리처드 1세
19. 알렉산드로스 대왕
20. 칭기즈 칸
21. 윌리엄 키드
22. 스웨인 애슬라이프슨
23. 앤 보니와 메리 리드

24. 헨리 에이버리
25. 헨리 모건 경
26. 프랜시스 드레이크 경
27. 바르바로사 형제
28. 정이 사오
29. 바솔로뮤 로버츠
30. 에드워드 티치
31. 알 카포네
32. 딕 터핀
33. 헨리 맥카티
34. 네드 켈리
35. 제시 제임스
36. 소니 빈
37. 에르제베트 바토리
38. 보르자 가문
39. 서기단
40. 버크와 헤어

1장
무시무시한
고대 문명

화산 폭발, 위험천만한 올림픽 경기,
고대 이집트의 썩지 않는 시체 이야기!

경고 자신을 미라로 만들고 싶어질 수 있으니 조심하세요.

1 고대 이집트인은 뭘 먹었을까?

고대 이집트에서 가난한 사람들은 주로 빵이나 콩, 양파, 녹색 채소를 먹었어요. 진짜 가난한 사람들은 파피루스 뿌리를 끓여 먹었고요. 요즘 우리가 즐겨 먹는 레몬이나 체리 같은 건 구경도 못 했지요.

무덤에 갈 때 준비할 것들!

친척의 무덤에 갈 때는 음식 선물을 가져갔어요. 그래야 사후 세계에서 배고파 하지 않는다고 생각했어요. 귀족의 무덤을 연구하던 학자들은 죽과 빵, 고기와 생선, 채소와 과일로 차려진 식사의 흔적을 발견했어요.

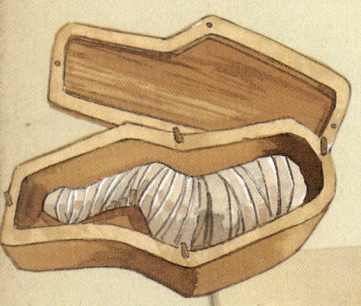

사후 세계에서 먹으라고 고기를 미라로 만들기도 했어요.

소고기가 최고야!

소고기를 가장 좋아했는데 값이 비쌌어요. 양고기나 염소 고기는 질이 나쁘고, 돼지고기와 생선은 불결한 음식이라고 생각했어요.

헐! 맛있게 먹을 때는 언제고?

불 피우기

불을 피우려면 구멍을 뚫은 나무 조각인 활비비와 그 구멍에 꼭 맞는 막대가 필요했어요. 막대를 구멍에 끼우고 활비비를 빠르게 돌리면 불꽃이 일어났어요.

치약, 칫솔은 기본!

고대 이집트인들은 이가 약했어요. 사막에서 날아온 모래가 음식에 들어가 이를 닳게 했거든요. 그래서 나뭇가지로 만든 칫솔과, 사막 호숫가에서 나는 천연 소금 치약으로 이를 닦았어요.

성한 이가 몇 개 없어!

길러 먹고, 사 먹고, 잡아먹고

부유한 농민들은 텃밭에서 채소를 키우고, 야생 조류나 거위, 오리를 길러 잡아먹었어요. 물물 교환이 이루어지는 시장에서 음식을 사기도 했어요. 하지만 가난한 사람들은 사냥과 낚시로 별미를 얻어야 했어요.

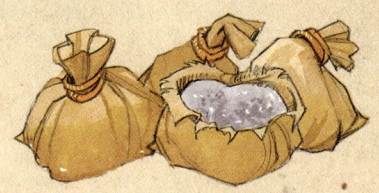

맛있겠지?

만찬에 쓰이는 접시는 보석으로 장식했어요.

고대 이집트인은 어떤 형벌을 받았을까?

고대 이집트인들은 파라오에게 복종했어요. 전지전능한 파라오는 모든 사람들의 운명을 좌우했어요. 정부와 법정을 통치했고, 사원의 최고 제사장이었고, 군대를 이끌었고, 무역과 농사, 광산과 곡물 저장소를 관리했지요.

신의 조각상은 다 알아!

법정에서 죄를 가릴 수 없으면 마을을 행진하는 신의 조각상에게 억울함을 호소했어요. "신이시여, 누가 내 황소를 훔쳤습니까?"라고 물으면 조각상은 도둑의 집 앞에서 고개를 끄덕였다고 해요.

세금 폭탄에서 살아남는 법

수확물의 양을 측정하고, 세금을 매기는 관리의 횡포가 아주 심각했어요. 그런데 뇌물을 바치면 친절하고 너그러운 관리로 변했지요.

태형이 무서워!

태형(매질)은 가장 일반적인 형벌이었어요. 죄인은 형리(형벌을 집행하는 관리)가 원하는 만큼 매질을 당했어요.

참아! 20대 남았어!

무덤 도굴꾼들

파라오와 관리들은 무덤 속 보물이 도굴꾼들의 표적이 될까 봐 두려워했어요. 그것은 현실이 되었어요. 도굴꾼들은 보물을 찾기 위해 미라의 붕대를 뜯었다가 다시 감기도 했어요. 그러다 새로운 머리나 다리를 얻는 미라도 있었답니다.

무덤 도둑질에 대한 형벌은 고문이었고, 형벌을 받은 사람은 그로 인해 천천히 고통스럽게 죽어 갔어요.

속죄의 상형 문자

도굴꾼들은 뭘 찾았을까?

- 리넨은 만드는 데 오랜 시간이 걸리기 때문에 가치가 높았어요. 재사용도 가능했어요.
- 유리가 귀했어요. 녹여서 새 유리로 만들 수 있어서 한 번 도둑맞으면 절대 못 찾았어요.
- 금으로 만든 장신구도 가치가 높았어요. 물론 녹여서 재사용했지요.
- 유향과 몰약은 향기도 좋고 미라를 만들 때 필요해서 가치가 높았어요.

"진짜 순금일까? 깨물어 봐!"

"도와줘! 몸이 끼었어!"

3 피라미드를 만들다가 죽는다고?

고대 이집트인들은 고된 노동에 시달렸어요. 파라오는 마을에 관리를 보내 피라미드를 건설할 사람들을 뽑았어요. 피라미드 하나를 지으려면 20년의 시간과 4,000명의 사람이 필요했어요. 그들은 하루 온종일 일하고 북적대는 막사에서 잠을 잤고, 열흘에 한 번 쉬었어요. 기계가 없었기 때문에 건축 자재를 손으로 옮겨야 했어요. 그러다 심각한 사고도 종종 일어났지요.

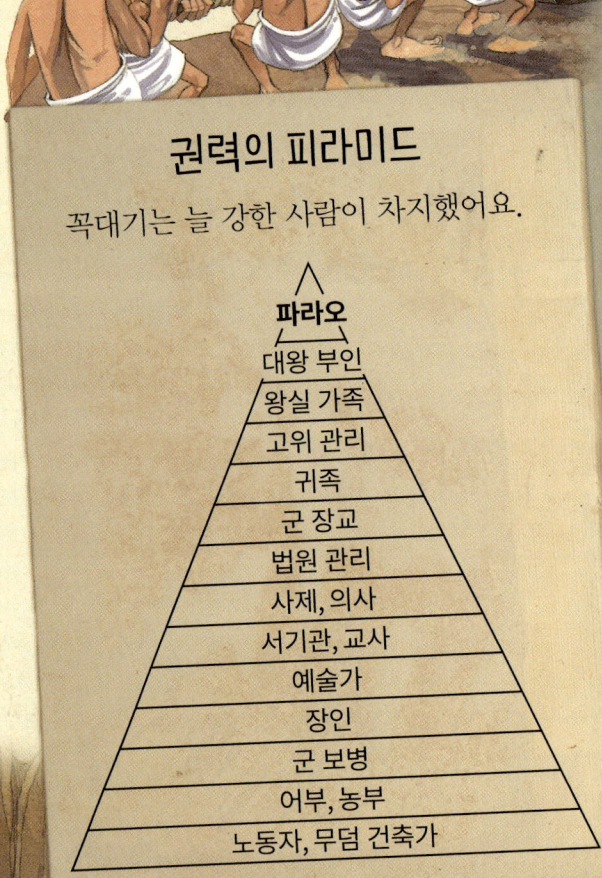

권력의 피라미드
꼭대기는 늘 강한 사람이 차지했어요.

- 파라오
- 대왕 부인
- 왕실 가족
- 고위 관리
- 귀족
- 군 장교
- 법원 관리
- 사제, 의사
- 서기관, 교사
- 예술가
- 장인
- 군 보병
- 어부, 농부
- 노동자, 무덤 건축가

채석장은 싫어!

노동자들은 질 좋은 돌을 캐기 위해 지하에서도 일해야 했어요. 허리가 휠 만큼 힘든 일이었지요. 하지만 화강암 채석장보다 끔찍하지는 않았어요. 화강암 채석장에 가면 해가 쨍쨍 내리쬐는 뙤약볕에서 바위를 잘라야 했거든요.

아, 고달파!

땅을 갈고 씨를 뿌리고 풀을 뽑고 물을 대고(거의 비가 내리지 않았어요.) 추수하는 8개월의 시간이 지나면 나일강에 홍수가 일어났어요. 그러면 땅이 물에 잠겨서 농사를 지을 수 없었어요.

누구를 위해 일하냐고?

파라오와 소수의 사람만 엄청난 부를 누리고 대다수 사람들은 가난했어요. 거의 대부분이 부유한 지주를 위해 농사를 지었지요. 대신에 아주 작은 땅을 받아 곡물을 키워 먹었어요.

미라는 어떻게 만들었을까?

고대 이집트인들은 사후 세계를 아주 중요하게 생각했어요. 그래서 여유 있는 사람들은 일찍부터 준비를 시작했는데, 첫 단계가 돌무덤을 짓는 일이었어요. 그들은 최고의 미라를 만들기 위해 세세한 것들까지 정리했어요.

미라를 만들기 전에 하는 일

먼저 콧구멍으로 쇠갈고리를 넣어 뇌를 꺼냈어요. 그리고 몸속 장기를 모두 꺼낼 수 있도록 몸의 왼쪽 옆을 길게 갈랐어요.

콧구멍을 크게 벌려야 해!

까꿍! 잘 감시하고 있어?

또 왔네.

사제는 죽은 자들의 신 아누비스로 분장하고 미라 싸는 과정을 감시했어요.

텅 빈 시신 채우기

심장만 남은 시신은 100일 동안 천연 탄산 소다에 담가 두었어요. 그러면 피부가 쪼글쪼글 주름져서 마치 오래된 가죽처럼 되었지요. 장기가 있던 공간은 톱밥과 헝겊, 곡식의 겉껍질로 채웠어요. 눈은 양파로, 머리카락은 실로 만들었어요.

카노푸스 단지

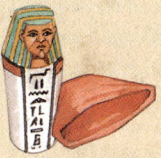
장례의 신 임세티의 상징인 인간의 머리가 달린 단지에는 간을 담았어요.

두아무테프 신의 상징인 자칼의 머리가 달린 단지에는 위를 담았고요.

케베세누프 신의 상징인 매의 머리가 달린 단지에는 창자를 담았어요.

하피 신의 상징인 개코원숭이의 머리가 달린 단지에는 폐를 담았어요.

붕대 감기

시신을 리넨 붕대로 20겹을 감는 데는 15일이 걸렸어요. 붕대가 풀어지지 않게 송진을 발랐고, 붕대를 다 감으면 특별한 수의로 두 번 감싼 뒤 리넨 띠로 단단히 묶었어요.

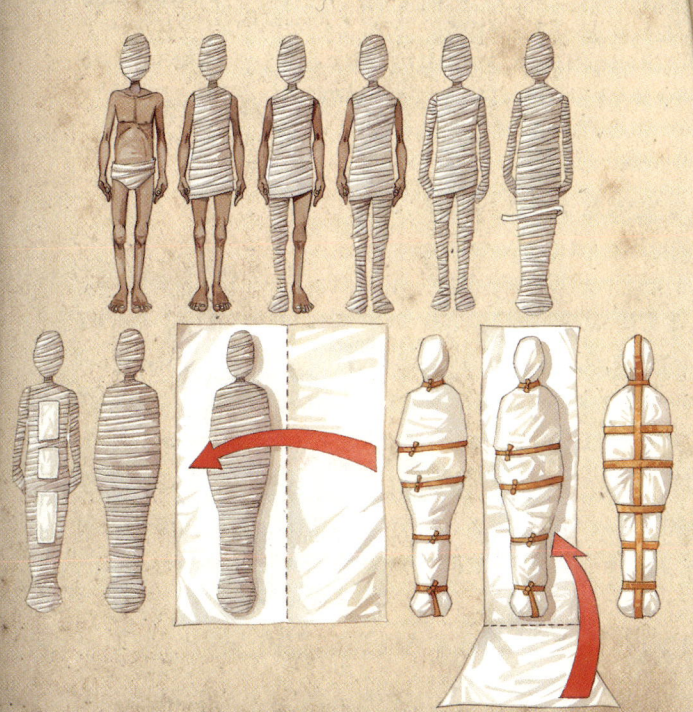

심장의 무게를 달아!

귀족 아닌 사람들이 죽으면 오시리스 신 앞에서 심판을 받았어요. 심장 무게가 진실의 깃털보다 가벼우면 죄가 없다고 여겨져 저승 세계로 들어갔어요. 심판에서 탈락하면 악어, 사자, 하마가 합쳐진 괴물 아무트에게 심장을 먹혔어요.

5 붉은 머리카락을 가진 최초의 미라

생강 껍질 색처럼 연한 적갈색의 머리카락 때문에 '진저'라는 별명이 붙은 미라는 이집트 게벨레인의 모래 속에 묻혀 있다가 발견되었어요. 기원전 3400년경 뜨거운 열기와 건조한 모래 때문에 자연적으로 미라가 되었지요. 진저는 고대 이집트에서 가장 먼저 미라가 된 시체였어요.

진저의 정보

- 발견 장소 : 이집트, 게벨레인
- 매장 시기 : 기원전 3400년경
- 현재 위치 : 영국 런던 대영 박물관

진저를 영국 대영 박물관에 보관한 지는 100년이 넘었어요. 실내 온도 때문에 진저의 피부가 자꾸 벗겨져서 과학자들이 벗겨진 피부를 풀로 붙이고 있대요.

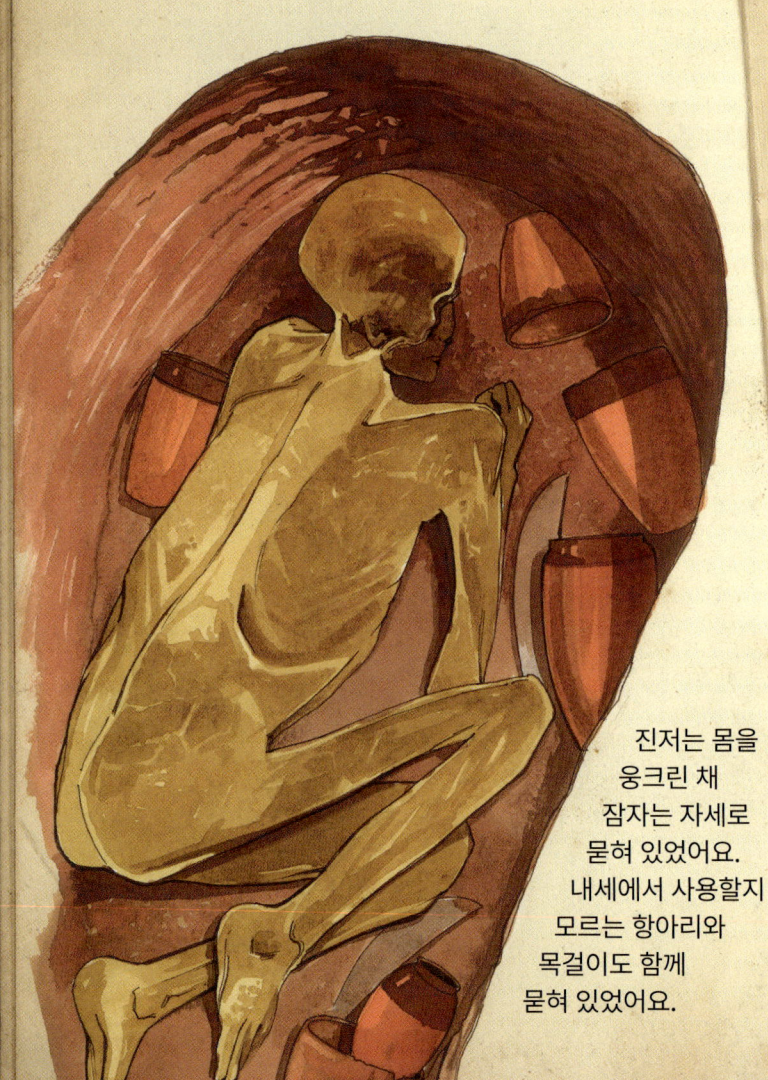

진저는 몸을 웅크린 채 잠자는 자세로 묻혀 있었어요. 내세에서 사용할지 모르는 항아리와 목걸이도 함께 묻혀 있었어요.

아이스맨 외치

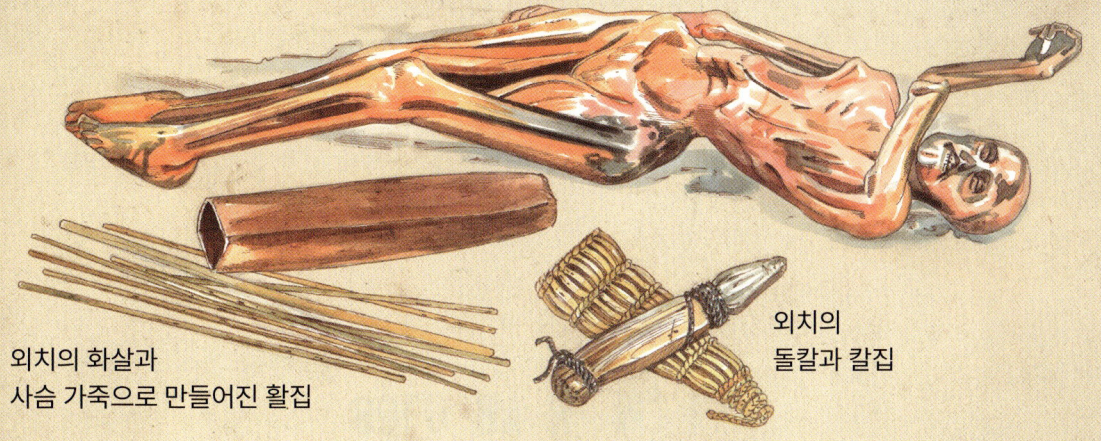

외치의 화살과
사슴 가죽으로 만들어진 활집

외치의
돌칼과 칼집

'외치'는 유럽에서 가장 오래된 미라로, 1991년 9월에 발견되었어요. 진저와 비슷한 시기에 미라가 되었을 거라고 추정되고 있어요. 외치는 얼면서 자연적으로 미라가 되어 원래 모습이 잘 보존되었어요.

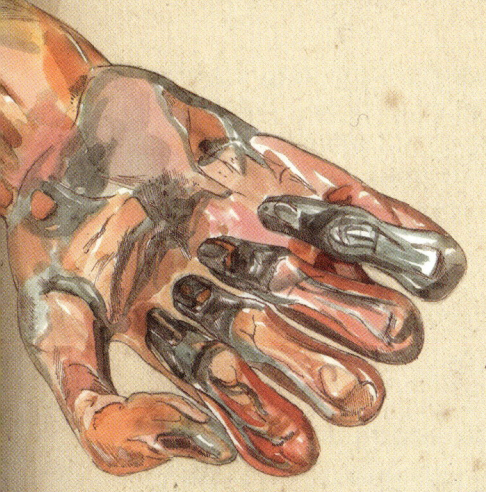

바구니에 매장된 시체

기원전 5200년 이전의 것으로 추정되는 이 해골은 바구니에 매장되었기 때문에 피부는 썩어 없어졌어요. 하지만 뜨겁고 건조한 모래 속에 묻혀 다른 부분들은 자연 건조되어 잘 보존되었지요. 이집트인들은 시체에서 체액(수분)을 제거하면 시체가 잘 보존된다는 걸 알고 있었던 거예요.

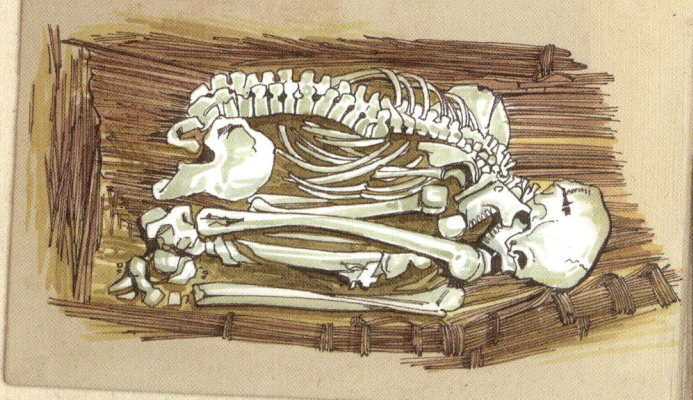

깔끔한 손톱과 방한복, 물건이 든 배낭 때문에 외치를 처음 발견한 사람들은 죽은 지 얼마 안 된 시체라고 오해했대요.

투탕카멘의 저주라고?

가장 유명한 미라 투탕카멘은 1922년 고고학자 하워드 카터가 발견했어요. 무덤은 훼손되지 않은 거의 온전한 상태였어요. 그런데 하워드 카터가 미라를 아주 무섭게 다루었어요. 그래서 끔찍한 저주가 시작됐는지도 몰라요.

투탕카멘의 정보

- 발견 장소 : 이집트 룩소르에 있는 왕들의 계곡
- 매장 시기 : 기원전 1324년
- 현재 위치 : 이집트 카이로의 이집트 박물관

투탕카멘은 태어날 때부터 입천장이 갈라지는 구개 파열, 발이 안으로 휘는 병을 앓았어요. 죽기 직전에는 다리가 부러지기도 했어요. 말라리아에 걸려 죽었을 거라고 추정한답니다.

이거 순금 맞지?

예의가 없어!

투탕카멘을 미라로 만들 때 기름을 너무 많이 사용해서 시체의 살이 관에 붙고 말았어요. 하워드 카터는 뜨겁게 달군 칼로 미라의 살과 관을 분리했어요. 그 과정에서 잃어버린 갈비뼈와 다른 뼛조각 몇 개는 아직 찾지 못했어요.

파라오의 저주일까?

영국의 귀족 조지 카나번 경은 투탕카멘 무덤의 발굴 비용을 후원했어요. 그런데 발굴을 시작한 지 4개월 만에 모기에 물린 상처가 감염되어 죽고 말았어요. 어떤 사람들은 투탕카멘의 저주라고 믿었어요. 하지만 정작 발굴을 감행한 하워드 카터는 17년을 더 살았으니 그건 아니겠죠?

부검하고 또 부검하고!

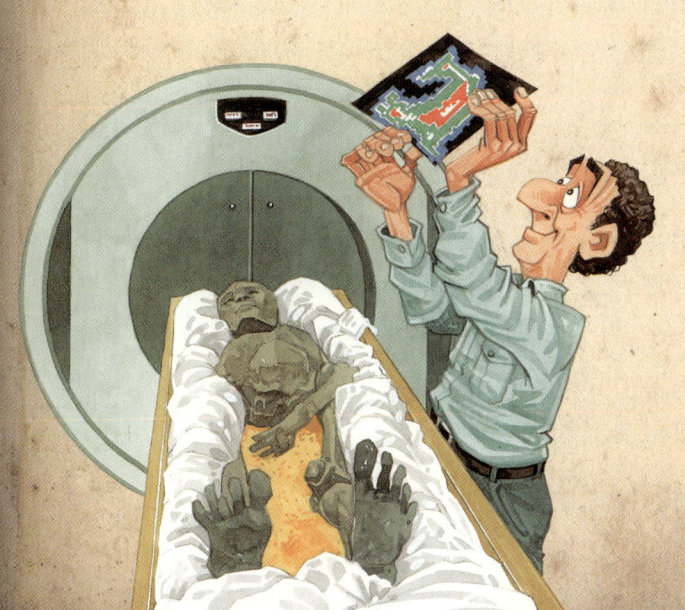

2005년 1월 이집트 학자들은 컴퓨터 단층 촬영으로 미라 1,700여 개의 영상을 찍었어요. 그래서 투탕카멘의 왼쪽 넓적다리뼈가 산산조각 났고, 죽기 직전에 심하게 감염됐다는 사실을 알아냈어요.

왕비의 미라를 성형했다고?

헤누타위 왕비의 미라는 노란색으로 칠해져 있었어요. 방부 처리사들은 왕비가 아름답게 보이도록 입술과 뺨을 붉게 물들였고, 볼이 통통하게 보이도록 지방과 소다를 섞은 반죽을 채웠어요. 머리에는 검은 실로 만든 가발을 씌웠지요.

헤누타위의 정보

- 발견 장소 : 이집트 테베
- 매장 시기 : 기원전 1050년
- 현재 위치 : 이집트 카이로의 이집트 박물관

왕비의 뺨에 지나치게 많은 양의 반죽을 채운 바람에 결국 피부를 뚫고 흘러나왔어요.

최선을 다해 만든 미라

- 검은 실로 만든 머리카락
- 볼연지를 바른 흔적
- 반죽을 채워 넣은 흔적

헤누타위 왕비는 기원전 1070년부터 기원전 1032년까지 상(上)이집트를 다스린 테베의 대사제, 피네젬 1세의 서열 1위 부인이었어요.

내 다리 돌려줘!

방부 처리사들은 장기 대신 밧줄을 넣기도 하고, 간 대신 소가죽을 넣기도 했어요. 가죽이나 헝겊 뭉치로 채우는 경우도 있었지요. 영국 맨체스터 박물관에는 다리가 없는 미라가 있어요. 붕대 속에는 나무로 만든 다리가 들어 있었어요.

일을 대신해 주는 인형

샤브티는 무덤에 들어간 사람 모양의 인형이에요. 이 인형은 헤누타위 왕비의 무덤에서 발견되었어요. 샤브티가 할 일은 내세에서 왕비가 할 일을 대신하는 것이었어요.

미라야, 사람이야?

방부 처리사들은 미라를 살아 있는 사람처럼 만들려고 했어요. 리넨과 톱밥, 붕대로 형태를 잡은 다음, 남자에게는 붉은색을, 여자에게는 노란색을 피부에 칠했어요. 유리나 돌로 가짜 눈을 만들어 넣기도 했지요.

살아 있을 때보다 미인이지?

자, 왕비님은 이제 새롭게 태어났어요!

동물 미라는 왜 만들었을까?

죽은 뒤에도 함께하기 위해 동물도 미라로 만들었어요. 고양이, 개, 소, 개코원숭이, 따오기의 미라가 발견되었고, 풍뎅이 미라도 발견되었어요. 어떤 무덤에서는 고양이와 개의 미라가 수천 개씩 나오기도 했어요.

동물 미라의 정보

- 발견 장소 : 이집트 곳곳
- 현재 위치 : 이집트 카이로의 이집트 박물관 및 기타 박물관

황소 미라에는 머리만 있을 때도 있었어요. 나머지 부분은 사제들이 요리해서 먹었을 거라고 생각하는 사람들도 있어요.

신성한 동물을 미라로!

동물을 신과의 매개체로 생각해서 신성한 존재로 여겼어요. 동물 자체를 신으로 여겨 신전에서 기르기도 했어요. 그래서 각 신들의 신전에는 동물 미라를 보관했어요.

미라를 처음 발견한 유럽 탐험가들은 미라를 약재로 사용하거나 물감이나 비료, 횃불을 만드는 데도 사용했어요.

친구야, 음식이야?

죽은 사람의 사후 세계 식량 혹은 동반자로 생각해서 동물 미라를 만들기도 했어요. 훗날 로마가 이집트를 다스릴 때는 신에게 바치는 선물로 쓰기 위해 만들었어요.

내 얼굴에 감히 상처를 내다니!

방부 처리사들은 리넨과 왁스, 화장품을 사용해 미라를 실물에 가깝게 만드는 기술을 가지고 있었어요. 노지메트 왕비의 입에는 톱밥을, 코에는 송진을 가득 채워 넣었어요. 눈에는 보석을 박았고, 눈썹은 진짜 머리카락으로 만들어 붙였지요. 왕비의 희끗희끗한 머리는 젊어 보이도록 가발을 씌웠어요.

노지메트의 정보

- 발견 장소 : 이집트 테베
- 매장 시기 : 기원전 1080년
- 현재 위치 : 이집트 카이로의 이집트 박물관

도굴꾼들이 보물을 찾겠다고 붕대를 칼로 마구 찢으면서 왕비의 얼굴에 큰 상처를 남기고 말았어요.

왕비에게 감히!

노지메트 왕비의 미라는 이마와 뺨, 코에 상처가 생겼고, 다리와 팔목, 쇄골은 산산조각 났어요. 제사장들은 상처를 감추기 위해 미라를 붕대로 다시 감아야 했어요.

도끼질당한 관

노지메트 왕비의 미라는 남성용 관에서 발견되었어요. 왕비의 몸에 맞게 개조한 관이었지요. 관은 손도끼에 찍혀 심하게 망가진 상태였어요.

텅 빈 카노푸스 단지

노지메트 왕비의 카노푸스 단지는 자칼의 머리를 한 아누비스 신상이 지키고 있었어요. 그런데 단지는 비어 있었어요. 왜냐고요? 그 무렵에는 장기를 빼내 카노푸스 단지에 넣는 일을 그만두었기 때문이에요. 방부 처리한 장기는 시체 속에 다시 넣었어요.

죽어서도 못 쉬는 람세스 2세

20대 초반에 왕위에 오른 람세스 2세는 기원전 1297년부터 기원전 1213년까지 고대 이집트를 다스렸어요. 왕은 처음에 왕들의 계곡에 묻혔다가 그곳의 무덤들이 도굴당하자 인하피 왕비의 무덤으로 옮겨졌어요. 그 뒤에는 다시 피누젬 2세의 무덤으로 옮겨졌어요.

람세스 2세의 정보

- 발견 장소 : 이집트에 있는 왕들의 계곡
- 매장 시기 : 기원전 1213년
- 현재 위치 : 이집트 카이로의 이집트 박물관

방부 처리사들의 잘못으로 람세스 2세의 머리가 몸에서 떨어졌던 것 같아요. 목에 나뭇조각을 덧대어서 머리를 다시 붙여 놓았거든요.

이 사실을 어떻게 아냐고요? 람세스 2세의 미라를 감은 붕대에 상형문자로 자세히 기록되어 있었답니다.

> 다시 옮겨야 해. 빨리 서둘러.

여권도 발급받은 람세스 2세

비행기는 처음이야!

1974년 람세스 2세 미라의 상태가 나빠지자 검사와 보수를 위해 프랑스 파리로 보냈어요. 이때 여권도 발급되었고, 직업란에는 '사망한 왕'이라고 쓰여 있었대요. 미라가 르부르제 공항에 도착했을 때는 의장대도 사열했답니다.

오지만디아스

영국의 시인 퍼시 셸리는 람세스 2세의 거대한 석상에서 영감을 얻어 「오지만디아스」라는 시를 지었어요.

"내 이름은 오지만디아스, 왕 중의 왕. 강한 자들아, 나의 위업을 보라. 그리고 절망하라!"

폐허가 된 유적을 보고 그 어떤 위대한 제국도 영원할 수 없다는 점을 말하려고 했던 것 같아요.

어 미라!

속을 들여다보는 방사선 촬영

1895년부터는 방사선 촬영으로 붕대를 풀지 않고도 미라의 속을 들여다볼 수 있었어요. 미라를 더 자세히 연구할 수 있게 되었지요.

- CT 촬영(컴퓨터 단층 촬영)
- 내시경(가는 튜브 관을 통해 신체 내부를 들여다보는 것)
- DNA 분석
- 방사성 탄소 연대 측정

람세스 2세 미라의 머리와 해골을 촬영한 방사선 촬영 영상

네시아문은 왜 혀를 내밀고 있을까?

네시아문은 기원전 1100년경 아몬 신전에서 황소를 돌보던 제사장이었어요. 1822년에 발견된 네시아문의 미라는 1년 뒤 이탈리아로 보내졌다가 런던 피커딜리의 이집트실로 옮겨져 전시되었어요.

그런데 네시아문의 미라는 왜 혀를 내밀고 있을까요?

네시아문의 정보

- 발견 장소 : 이집트 룩소르 지방 디르 엘 바흐리
- 매장 시기 : 기원전 1100년경
- 현재 위치 : 영국 리즈 시립 박물관

네시아문 미라의 머리는 제2차 세계 대전 때 폭탄이 터져 손상을 입었어요. 그때 다른 미라들은 산산이 부서졌어요. 그나마 운이 좋은 편이었지요.

혀를 내밀고 죽은 이유

1828년 영국의 과학자들이 네시아문을 검사했지만 죽은 이유는 밝혀내지 못했어요. 목이 졸려 죽었을까요? 목에는 어떤 자국도 없었어요.

1989년에 미라를 다시 검사했어요. 벌에 쏘여 혀가 부어올라 질식했던 걸까요? 이게 지금까지 가장 유력한 학설이에요.

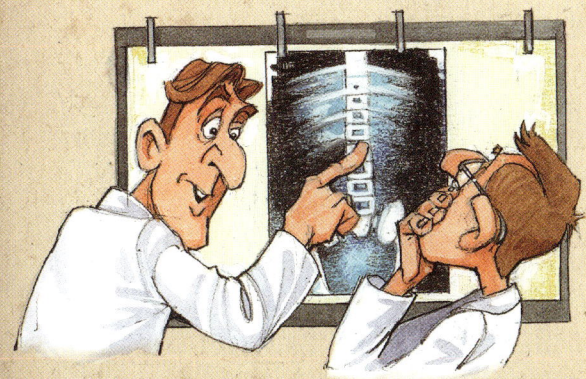

이때 처음으로 미라 연구에 방사선 촬영을 이용했어요.

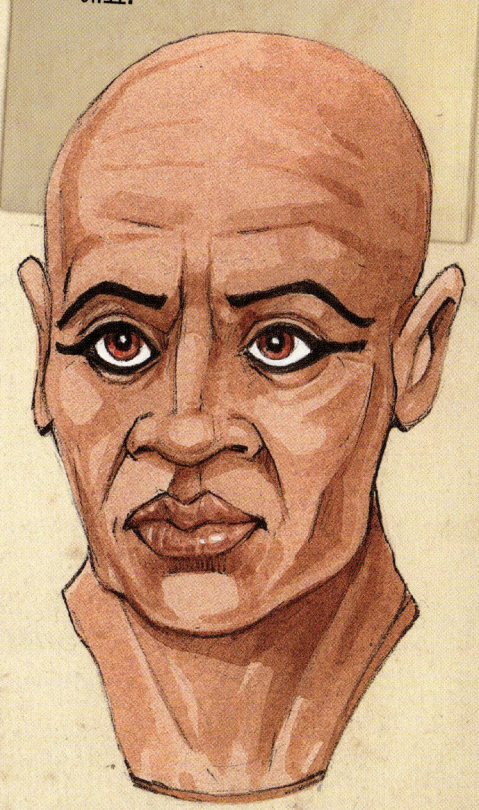

제사장 네시아문

관에 새겨진 글귀, 함께 묻힌 물건들로 네시아문의 삶을 알 수 있어요. 키는 168센티미터, 나이는 40대 중반이었고, 아몬 신전에서 가장 높은 제사장이었어요. 네시아문은 제사를 지내고, 기도를 올리고, 제물을 바치는 일을 했는데, 1년에 3개월만 일했다고 해요.

복원된 네시아문의 얼굴

부서진 얼굴로 미라가 된 세케넨레 타오 2세

세케넨레 타오 2세의 미라는 1881년에 발견되었어요. 5년 동안 붕대를 풀고 조사한 결과, 이 미라는 손도끼와 곤봉에 맞아 죽었다는 사실이 밝혀졌어요. 죽기 전에도 머리를 심하게 맞아 몸 일부가 마비된 상태였어요.

세케넨레 타오 2세의 정보

- 발견 장소 : 이집트 룩소르 지방 디르 엘 바흐리
- 매장 시기 : 기원전 1558년경
- 현재 위치 : 이집트 카이로의 이집트 박물관

방부 처리사들은 세케넨레 타오 2세의 미라를 만들기 위해 무척 서둘러야 했어요. 그들이 작업을 시작하기도 전에 이미 시체가 썩고 있었으니까요.

어쩌다 이렇게 죽었을까?

프랑스의 이집트학자 가스통 마스페로가 미라의 붕대를 풀었어요.

그는 보고서에 이렇게 썼어요.
"손도끼에 맞아 왼쪽 뺨 일부가 떨어져 이가 드러나 있고, 턱뼈가 부러져 있다. 맞은 뒤에 땅에 쓰러져 정신을 잃은 듯하다."

용감한 자의 안타까운 최후

세케넨레 타오 2세는 '용감한 자'로 불렸어요. 수백 년 동안 이집트의 적이었던 힉소스에 맞서 싸웠지요. 그의 아들 아흐모세 역시 힉소스와 전쟁을 계속했고 결국 승리했어요. 세케넨레 타오 2세는 힉소스와의 전쟁에서 죽은 걸까요, 아니면 살해당한 걸까요? 확실히 알 수는 없어요. 미라의 몸 상태를 보면 쓰러진 채 오래 방치되었던 것으로 짐작돼요.

세케넨레 타오 2세는 손도끼와 단검, 곤봉 등에 맞아 죽었다고 추정되고 있어요.

"한 번 더 맞아서 두개골이 심하게 손상된 것으로 보인다. 오른쪽 이마에 칼이나 창에 찔린 자국이 있다."
"머리카락은 굵고 거칠며 건조하다. 사망하던 날 아침에 면도를 한 것 같다."

13 비명을 지르는 미라

1866년 이집트 카이로의 고대유물관리국 국장 가스통 마스페로는 도굴꾼들의 손이 닿지 않도록 미리 옮겨 놓은 관의 뚜껑을 열었어요. 그런데 예상과 다르게 관이 평범하고 장식도 없어서 무척 놀랐어요. 관 속에는 양과 염소의 가죽으로 싸인 젊은 남자의 시체가 있었어요. 얼굴은 고통스럽게 비명을 지르는 표정이었고, 두 손과 두 발은 꽁꽁 묶여 있었어요.

펜타웨레 왕자의 정보

- 발견 장소 : 이집트에 있는 왕들의 계곡
- 매장 시기 : 기원전 1155년경
- 현재 위치 : 이집트 카이로의 이집트 박물관

고대 이집트인들은 양과 염소를 더러운 동물로 여겼어요. 따라서 양과 염소 가죽으로 시체를 싼다는 것은 엄청나게 모욕적인 일이었지요.

> 헉! 정말 고통스러웠나 봐.

미스터리한 이 사람은 누구일까?

일부 학자들은 비명을 지르는 미라가 람세스 3세의 아들 펜타웨레 왕자라고 주장해요. 펜타웨레와 그의 어머니 티이 왕비가 파라오를 죽이고 왕위를 빼앗으려는 반역에 가담했었거든요.

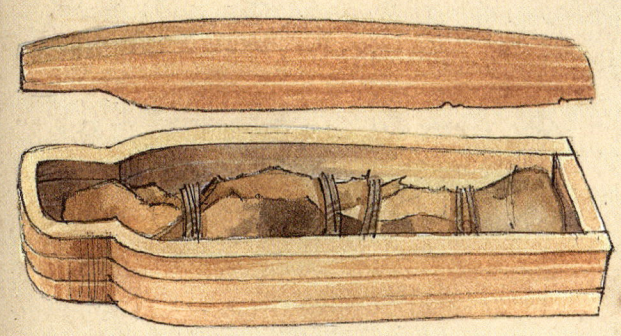

람세스 3세

정말 비명을 지르고 있었을까?

그렇지 않을 수도 있어요. 미라로 만들 때 탁자에서 머리가 뒤로 젖혀져서 턱이 벌어졌을 수도 있거든요. 후에 방부 처리사들은 이런 현상을 막기 위해 여러 방법을 시도했어요.

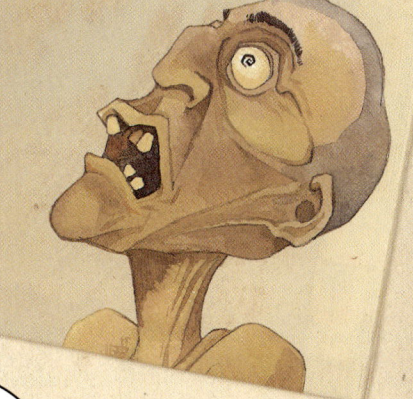

영원히 이름 없이 살라!

펜타웨레 왕자의 반역 음모가 발각되었을 때 관련자들이 어떻게 처형되었는지는 파피루스 문서에 자세히 나와 있어요. 하지만 펜타웨레 왕자는 그들과 함께 처형되지는 않았어요. 왕족 신분이라 독약을 마시고 스스로 목숨을 끊도록 했지요. 그는 훗날 누구의 무덤인지도 알 수 없도록 묘비도 없이 묻혔어요. 죽은 뒤에도 계속해서 벌을 받은 셈이지요.

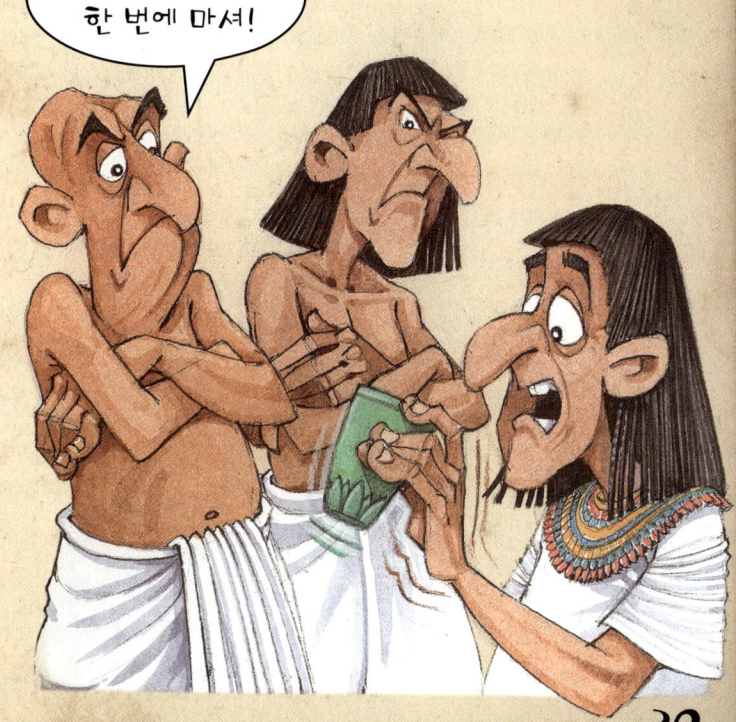

독약은 쓰니까, 한 번에 마셔!

14 고대 그리스인들의 도시 생활은 어땠을까?

고대 그리스인들은 원래 농촌에서 살았어요. 기원전 700년 무렵, 도시가 점점 커지면서 가난한 농부들과 노예들이 도시로 옮겨 갔지요. 도시의 거리에는 경호원을 거느리고 거들먹거리는 부자부터 지저분한 거지까지 온통 사람들로 넘쳐 났어요.

내 집은 나만 볼 거야

도시의 공예가는 아래 그림과 같은 집에서 살았어요. 고대 그리스에 있던 집 10채 중 1채가 이런 구조였지요. 한가운데에 안뜰이 있고, 안뜰 중앙에는 신에게 제물을 바치는 제단이 있었어요. 밖에서 집 안을 들여다볼 수 없도록 높은 담장을 쌓았고, 문도 튼튼하게 달았지요.

위험천만한 거리

거리는 망치질 소리, 고함 소리, 말발굽 소리로 시끌벅적했어요. 하수 시설이 없어서 냄새도 고약했지요. 밤이 되면 도둑들이 들끓어 하인들은 주인을 지키기 위해 따라다녔어요.

끝없는 집안일

집 안에서 허드렛일만 하는 노예들도 있었어요. 그 노예들은 요리와 청소, 불 피우기, 땔감 모으기 등을 도맡아서 했어요.

힘들어서 못살겠어!

도시의 문제

도시는 노예와 떠돌이 장사꾼, 예술가, 학자, 선원 등 뜨내기들로 가득했어요. 사람들이 도시로 몰리자 사회 문제가 불거지기 시작했어요. 인구 25만 명이 사는 아테네에서는 굶주림과 전염병, 끔찍한 정치 싸움, 노예들의 반란이 일어났지요.

노예들은 안주인의 명령을 무조건 따라야 했어요. 안주인의 마음에 들지 않으면 호되게 혼이 났답니다.

41

15 고대 그리스인들은 어떻게 이동했을까?

그리스인들이 바깥세상을 탐험하는 가장 좋은 방법은 배를 타고 바다로 나가는 것이었어요. 그들은 이 섬에서 저 섬으로 건너가거나 해안을 따라 항해했어요. 하지만 육지가 보이지 않는 먼 바다로 나가는 것은 좋아하지 않았어요. 항로를 바로잡을 나침반이 없어서 별을 보고 항해해야 했고, 폭풍을 만나면 배가 난파될 때가 많았거든요.

빨리 가거나 침몰하거나

배를 타고 바닷길로 가면 육지로 갈 때보다 속도가 빨랐어요. 마차보다 훨씬 많은 양의 짐을 나를 수도 있었어요. 주로 섬에서 나오는 대리석을 운반했어요.

그런데 바닷길은 위험하기도 했어요. 암초에 걸리거나 폭풍을 만나면 꼼짝없이 침몰하고 말았지요.

그리스의 초창기 배는 길이가 30미터로 꽤 작은 편이었어요. 양쪽으로 노가 일렬로 늘어섰고, 돛은 하나였어요.

울퉁불퉁한 도로

그리스의 도로는 움푹 파이거나 울퉁불퉁해서 가끔 사고가 일어났어요. 마차에서 바퀴가 빠지거나 소들이 발을 헛디뎌 넘어지기도 했지요.

도로로 다니는 사람들

고대 그리스의 도로에는 이런 사람들이 다녔어요.

A: 군대의 식량과 연장, 무기를 나르는 사람들
B: 부자의 쌍두마차를 끄는 마부
C: 빠르고 품종 좋은 말을 탄 여행자
D: 말 네 마리가 끄는 마차를 모는 군인 장교와 마부

산길도 유용해

좁은 산길은 걸어서 여행하는 사람이나 튼튼한 노새들이 다녔어요. 산에서 바다까지 경사가 완만한 그리스 동쪽 해안의 길은 상태가 나쁘지 않았어요. 그 길은 거대한 곡식 항아리를 실은 수레나 전차가 주로 지나다녔어요.

최초의 마라톤

기원전 490년 한 병사가 전쟁터인 마라톤에서 아테네까지 달려왔어요. 페르시아와의 전쟁에서 이겼다는 소식을 전하기 위해서였어요.

16
전쟁 같은 올림픽 경기

고대 그리스인들에게 올림픽 경기는 매우 중요했어요. 그 기간에는 전쟁도 잠시 멈출 정도였지요. 선수들은 올림픽 경기를 치르기 위해 혹독한 훈련을 견뎌야 했고, 심각한 부상을 입기도 했어요. 승리를 위해서라면 반칙도 서슴지 않았어요.

어디에나 출현하는 악당

올림픽 경기는 종교적인 행사였지만, 모든 관중이 다 고결하진 않았어요. 사기꾼과 소매치기도 몰래 숨어들었지요.

죽음의 경기

판크라티온은 복싱과 레슬링을 합친 경기였어요. 상대 선수가 바닥에 쓰러져도 목을 조르고 주먹을 날릴 수 있었지요. 심지어 심각한 부상을 입어 죽기도 했어요. 하지만 복싱이나 레슬링 경기 중에는 고의든 사고든 상대를 죽게 하는 것은 금지되었어요.

얼굴은 무섭고 봐야지

복싱 선수들은 쳐다보는 것도 무서울 만큼 얼굴이 무시무시했어요. 손에는 가죽 보호대를 감았는데, 치명타를 날리기 위해 금속 징을 박기도 했어요. 심지어 체급을 무시하고 경기를 치르기도 했답니다.

으흐흐흐!

악, 죽어!

부정행위는 절대 안 돼!

심판들은 경기에서 부정행위가 없는지 꼼꼼히 살폈어요. 부정행위를 한 선수들은 출전 자격을 박탈당하거나 올림픽 경기위원회에 벌금을 내야 했어요. 상대 선수나 심판에게 뇌물 주는 것을 가장 질 나쁜 부정행위로 생각했어요.

스포츠야, 전쟁이야?

전차 경주는 전쟁에 대비하는 종목이었어요. 한 번에 40여 대의 전차가 참가하기도 해서 몹시 위험한 경기였지요. 반환점에서는 전차들이 서로 뒤엉키기도 했어요. 충돌하는 일이 많아서 선수가 관절을 다치거나 뼈가 부러지고, 심하면 목숨을 잃기도 했어요.

내 전차 바퀴를 누가 풀어 놨어?

의술이야, 미신이야?

고대 로마에도 의사는 있었어요. 하지만 치료비가 비싸서 약사를 찾아가거나 의술의 신 아이스쿨라피우스의 신전에서 밤새 기도를 드리는 사람이 많았어요. 의사들은 위궤양에 걸린 사람에게는 겨자로 입을 헹구게 해서 치료했어요. 수술을 할 때는 포도주로 마취하기도 했어요.

전쟁터의 군의관들

군의관들은 전투에서 부상당한 병사들을 치료해 주었어요. 병사들은 전투에서 칼에 베이거나 뼈가 부러지거나 관절을 다치는 경우가 많았어요. 가끔은 팔과 다리를 잘라낼 만큼 심각했지요. 군의관들은 상처 감염을 막기 위해 소금과 비소, 테레빈유로 소독을 했어요. 그들은 군인과 시민들로부터 신뢰와 존경을 받았답니다.

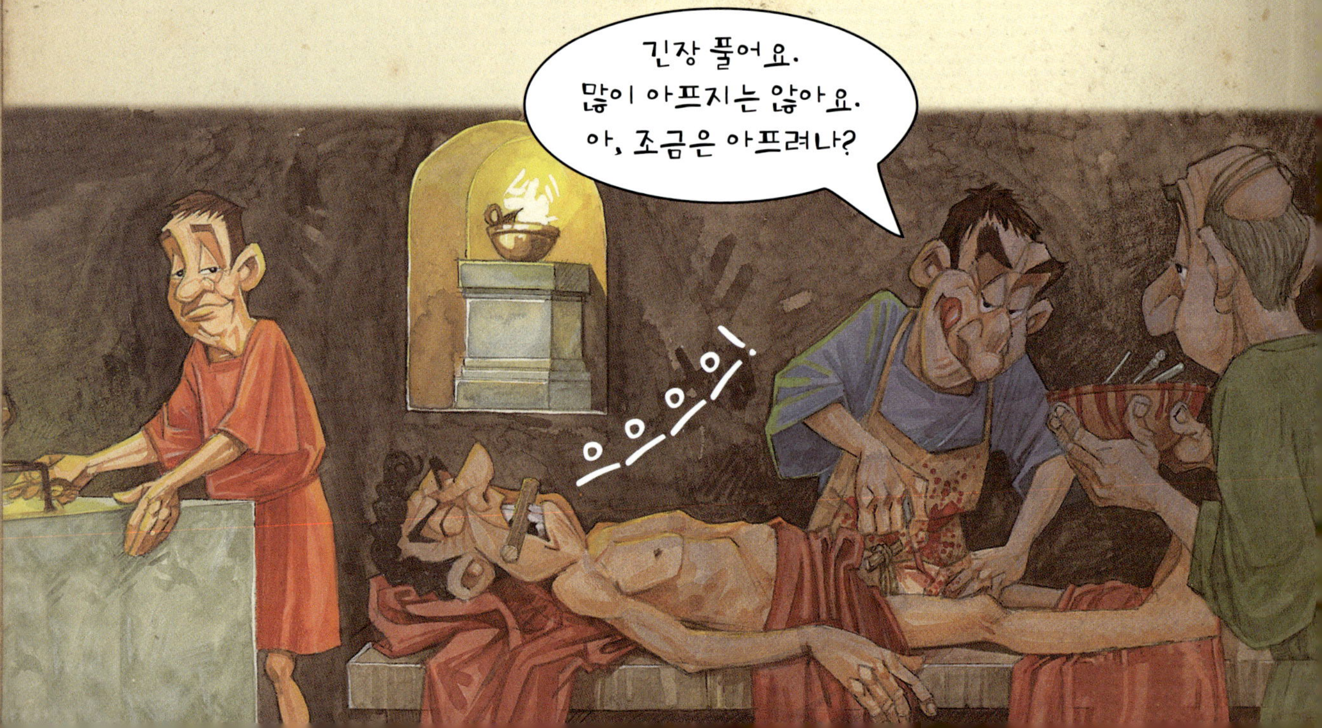

의사보다 마녀

고대 로마의 의술은 매우 발달했어요. 그런데도 사악한 마법 때문에 병에 걸린다고 믿는 사람이 많았어요. 병에 걸리면 마녀에게 선물을 주거나 저주를 풀어 달라고 애원했어요. 물론 신전을 찾아가 신들에게 기도도 했지요.

로마 요새에 있는 병원

식초에 담가 둔 거미줄로 병사들의 상처를 싸매기도 했어요. 병사들에겐 도움이 되었을지 몰라도 거미들의 원성은 대단했을 거예요.

이발소는 무서워

이발소에 가는 일은 무척 고통스러웠어요. 이발사들이 무지막지하게 큰 가위로 머리와 수염을 다듬었거든요. 수염을 바짝 깎는 스타일이 유행했을 때는 이발사들이 수염을 한 올 한 올 뽑았다고 해요.

양배추는 만병통치약

양배추는 매우 인기 있는 치료제였어요. 로마인들은 멍이 들거나 불에 덴 상처에 양배추를 으깨어 발랐어요. 불면증에는 기름에 튀긴 양배추를, 코가 막혔을 때는 말린 양배추 가루를 코로 들이마셨지요. 귀가 아플 때는 양배추즙을 썼어요.*

* 이 민간요법은 의학적 근거가 없음을 밝혀 둡니다.

1. 스패츌러(연고를 펴 바르는 주걱)
2. 족집게
3. 가벼운 상처에 쓰는 탐침
4. 갈고리
5. 수술용 칼
6. 집게

47

18 로마 병사들의 죽기 아니면 까무러치기

고대 로마 병사들의 삶은 몹시 잔혹했어요. 전투에서 목숨을 잃거나 훈련 중에 병에 걸려 죽는 일이 많았거든요. 전투가 없을 때는 훈련을 받거나 도로나 요새를 지어야 했어요. 음식은 형편없었고 훈련은 고달팠어요. 각 보병 군단에는 5,000여 명의 군사가 있었고, 그들은 다시 100여 명의 군사로 이루어진 백인대로 나뉘어졌어요.

열에 하나 죽이기

탈영하거나 명령에 복종하지 않는 병사는 죽임을 당했어요. 한 지휘관은 달아난 자기 아들을 사형시키기도 했어요. '열에 하나 죽이기' 같은 끔찍한 형벌도 있었어요. 군사 500명으로 이루어진 대대에서 병사 한 사람이 규칙을 어기면 아무 잘못도 없는 병사들 10명마다 1명을 죽이는 벌이었지요.

로마 병사들은 승리를 기념하기 위해 적의 머리를 모았어요.

군대에 온 우리는 다시는 고향에 돌아가지 못할 수도 있어.

걷고, 걷고, 또 걷는 병사들

병사들은 5시간 동안 빠른 걸음으로 32킬로미터를 가야 했어요. 그래서 로마 병사들을 '마리우스의 노새'라고 부르기도 했어요. 유명한 장군 마리우스의 이름과 병사들이 등에 온갖 장비를 짊어지고 행군하는 모습을 보고 붙인 별명이었지요.

가죽 샌들 밑창이 빨리 닳지 않도록 바닥에 금속 징을 박았어요.

당나귀야, 병사야?

병사들은 갑옷과 무기, 투구와 방패, 물이나 와인을 담는 가죽 수통, 요리용 냄비, 금속 접시, 방어 요새를 파는 삽과 곡괭이, 구급상자와 2주일 치의 식량을 짊어지고 행군했어요. 그 무게가 40킬로그램이 넘었다고 해요.

감옥이야, 막사야?

로마 병사들은 8명이 한 막사를 썼어요. 막사는 비좁고 어두웠어요. 방 하나는 잠을 자는 곳이었고, 다른 방 하나는 장비를 보관하고 청소와 수리를 하는 곳이었어요. 8명의 병사들은 그곳에서 함께 먹고 자고 쉬었어요.

로마인들의 종교와 미신

고대 로마인들은 다양한 신을 믿었어요. 신은 크게 두 부류로 나뉘었는데, 하나는 가정을 지켜 주는 라레스와 페나테스였고, 다른 하나는 나라 전체가 섬기는 신이었어요. 사람들은 신들을 두려워하여 공물과 제물을 바쳤어요. 나쁜 일이 일어나면 신이 화가 났기 때문이라고 믿었어요.

동쪽의 신은 의심스러워

일부 로마인들은 동방의 종교를 믿기도 했어요. 그중에는 죽음 뒤의 새로운 삶을 약속하는 종교도 있었어요. 로마 정부는 그 종교들을 의심의 눈초리로 바라보았어요. 로마인답지 않은 행동을 권장하고, 로마 제국과 황제를 향한 충성심을 약화시켰기 때문이지요.

유피테르는 신들의 왕이고, 유노는 그의 아내예요. 유피테르의 딸 베누스는 사랑의 여신이고, 아들 마르스는 전쟁의 신이에요.

원수에게 저주를!

로마인들은 신들에게 자신의 원수를 저주해 달라고 빌었어요. 그럴 때는 금속이나 도자기 조각에 원수의 이름과 저주의 말을 써서 신전에 남겨 두었어요. 신이 그걸 보고 원수에게 벌을 내려 주기를 바랐던 것이지요.

믿거나 말거나! 로마 제국의 미신들

- 대머리가 시클라멘 꽃향기를 맡으면 탈모가 멈춘다.
- 아이를 낳을 때 종소리를 들으면 고통이 줄어든다.
- 꿀벌은 신들의 신성한 전령이며, 행운의 상징이다.
- 작약은 아픈 사람을 고치는 특별한 마법의 힘을 가졌다.
- 로마 군대의 상징인 독수리는 폭풍을 일으킨다.

공동묘지에서 예배를!

초기 기독교인들은 로마에도 살았어요. 하지만 313년 이전의 로마 제국에서는 기독교를 믿는 것이 금지되어 있었어요. 기독교인들은 '카타콤'이라는 지하 공동묘지에 몰래 모여 기도하고 예배를 했어요. 그곳은 기독교인들의 무덤으로 사용되기도 했어요.

부엉부엉!

부엉이 울음소리는 위험을 알려 준다고 믿었어요.

신들에게 동물을 제물로 바치면 창자 점쟁이가 제물의 간을 살펴봤어요. 만약 간이 병들어 있으면 곧 불운이 닥칠 거라고 예언했대요.

화산재에 뒤덮어 버린 폼페이

폼페이는 이탈리아 로마에서 그리 멀지 않은 곳에 있는 도시였어요. 하지만 서기 79년에 화산이 폭발하면서 온 도시가 화산재에 덮이고 말았어요. 폼페이 유적은 수백 년이 지난 뒤 농부들이 발견할 때까지 그렇게 묻혀 있었어요.

이상한 징조들

서기 62년 폼페이와 주변 농촌에 지진이 일어났어요. 땅이 흔들리면서 건물들이 무너지고 금이 갔지요. 이것은 베수비오 화산이 보내는 신호였어요. 하지만 알아차리지 못한 사람들은 모두 평안한 일상으로 돌아갔어요. 그러다 79년에 다시 이상한 징조들이 일어났어요.

사르노강에 죽은 물고기가 떠올랐어요.

강한 진동으로 그릇들이 깨졌어요.

땅속에서 웅웅거리는 커다란 소리가 들려왔어요.

우물과 샘이 말라 버렸어요.

땅 위 구멍에서 연기와 가스가 새어 나왔어요.

포도가 시들고 말라 죽었어요.

포도 농사 망했군!

아수라장이 된 폼페이

- 사람들은 소지품을 챙겨 서둘러 피난을 떠났어요.
- 혼란을 틈타 빈집에서 물건을 훔치는 사람도 있었어요.
- 늦은 오후부터 화산재의 무게를 견디지 못해 지붕이 무너져 내렸어요.
- 화산재로 사르노강이 막혔어요.
- 달걀 썩는 냄새가 심해지더니 숨 쉬는 일도 힘들어졌어요.

30분 만에 멸망하다

서기 79년, 시뻘겋게 달아오른 용암이 어마어마한 속도로 베수비오 화산을 타고 흘러 내려와 도시와 성벽을 뒤덮었어요. 단 30분 만에 모든 것이 끝장나 버렸지요. 1만 5,000명이 살고 있던 폼페이는 그렇게 화산재에 깊이 묻히고 말았어요.

다시 태어난 폼페이

폼페이는 1748년에 다시 빛을 볼 수 있었어요. 보물 사냥꾼들이 맨 처음 발굴을 시작했어요. 오늘날 폼페이는 고대 로마 시대에 묻어 놓은 타임캡슐 같은 역할을 하고 있어요. 관광객들은 마치 서기 79년으로 돌아간 듯이 로마의 거리를 거닐면서 상점과 집을 볼 수 있어요.

1860년 고고학자 주세페 피오렐리는 화산재 속 빈 공간에 회반죽을 부어서 시체의 모형을 본떴어요.

서기 79년에 사라졌다가

2,000년이 지나서 발견되다니!

2장 잔인한 악당들

지독한 악당부터 포악한 바이킹,
탐욕스러운 해적까지!
지금부터 만나 볼 악당들은
꿈에서라도 마주치지 않는 게
좋을 거예요.

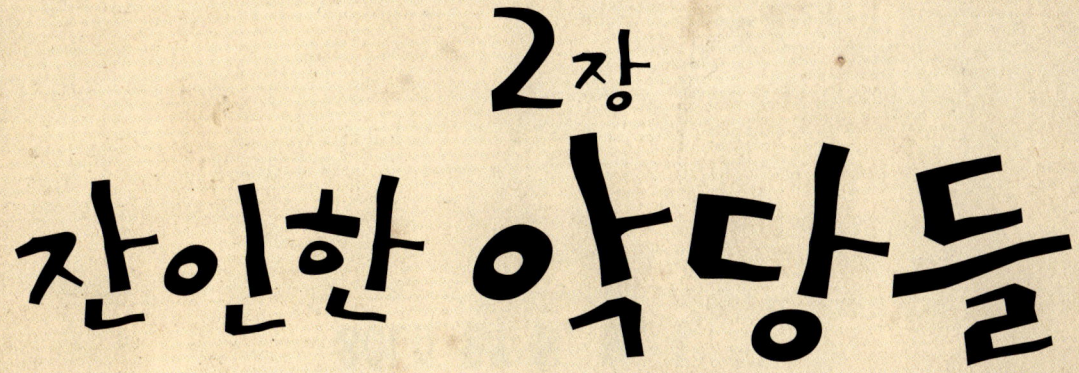

'피 묻은 도끼'로 불린 에리크 1세

포악한 바이킹들 사이에서도 에리크는 '피에 굶주린 자'로 통했어요. 노르웨이에서 태어난 에리크는 12살에 바이킹이 되었고, 왕이 되기 위해 네 명의 친형제를 죽이기까지 했어요. 왕이 되어서도 잔인하고 부당하게 나라를 다스리다가 노르웨이 사람들(운 좋게 살아남은 6번째 형제가 포함됨.)에게 쫓겨났어요.

에리크 1세의 정보

- 별명: 피 묻은 도끼
- 출생지: 노르웨이
- 재위 기간: 노르웨이 931년~933년,
  요르비크 947년~948년,
  952년~954년
- 신분: 바이킹, 노르웨이 왕
- 만행: 살인과 침략
- 사망: 영국 스탠모어에서 살해됨.

에리크의 부인 군닐드는 마녀 교육을 받았어요. 하늘을 날고 치명적인 독을 만든다는 소문이 자자했지요. 군닐드는 결국 늪지에 던져져 익사했어요.

보물 사냥꾼

에리크 1세는 러시아부터 스코틀랜드, 멀리 남쪽의 에스파냐까지 항해하며 침략을 일삼았어요. 금과 은은 물론 노예로 팔 수 있는 포로까지 모조리 빼앗았지요.

통치권 사냥

에리크 1세는 10년 동안 해적 활동을 하며 물건을 훔치고 사람들을 공격했어요. 남쪽으로 내려가서는 영국 북쪽 지방에 있는 요르비크(지금의 영국 요크)의 통치권을 손에 넣었지요. 그의 흉악함에 치를 떨던 사람들은 에리크의 적과 살해 음모를 꾸몄어요.

폭군의 최후

요르비크에서 쫓겨난 에리크는 스코틀랜드 전사들에게 목숨을 잃었어요. 아마도 습격을 받았을 거예요.

왕이 된 바이킹

바이킹들 가운데 프랑스 서북부의 노르망디에 정착한 사람들이 있었어요. 1066년 그들은 훗날 '정복자'로 불리는 기욤 공작의 지휘 아래 영국의 북부 지방을 공격했어요. 그들은 불을 지르고 무기들을 파괴했어요. 엄청난 사람들이 굶어 죽었지요. 그 뒤 기욤 공작은 영국에 노르만 왕조를 열었어요.

이렇게 죽기 싫어!

22 '왕실의 괴물'로 불린 헨리 8세

젊은 시절 헨리는 잘생기고 예의 바르고 운동도 잘해서 '완벽한 왕자님'이라고 불렸어요. 하지만 55세에 세상을 떠날 즈음에는 '왕실의 괴물'로 통했어요. 무례하고 독설을 퍼붓고 의심이 많은 데다 고집스럽고 이기적이고 변덕이 심하고 성질이 불같았거든요. 헨리가 영국을 다스리는 동안 7만 2,000명의 사람들이 처형되었다고 해요.

토머스 무어
1535년 사망

토머스 크롬웰
1540년 사망

앤 불린
1536년 사망

헨리 8세의 정보

- 별명: 왕실의 괴물
- 출생지: 영국
- 재위 기간: 1509년~1547년
- 신분: 영국의 왕, 영국 국교회의 수장
- 만행: 6명의 아내 중 2명과 정치적 라이벌 수천 명을 죽임.
- 사망: 지병으로 사망

헨리가 죽을 때 허리둘레가 137센티미터 였대요!

감히 내 심기를 건드려? 너희들은 죽여도 할 말이 없지?

58

아라곤의 캐서린 / 앤 불린 / 제인 시모어 / 클리브스의 앤 / 캐서린 하워드 / 캐서린 파

이혼당하고, 처형당하고, 병 걸려 죽고, 이혼당하고, 처형당하고, 살아남다!

아들을 얻을 거야

헨리는 왕위를 이을 아들을 얻고 싶어서 결혼을 하고 또 했어요. 하지만 자식이 없었던 마지막 결혼 생활만 행복했어요.

말에서 떨어진 헨리

1536년 헨리는 창 시합을 하다가 말에서 떨어져 치명상을 입었어요. 이때부터 우울증에 시달렸고, 남은 생 내내 고약하게 굴었어요.

내 허리 부러졌어?

캐서린 하워드 1542년 사망

에드워드 스태퍼드 1521년 사망

토머스 울지 추기경 1530년 사망

아버지를 쏙 빼닮은 딸

맏딸인 메리 1세(1553년~1558년 재위)는 헨리 8세의 성격을 쏙 빼닮았어요. 다만 아버지와 달리 영국 국교회가 로마 가톨릭교회로부터 독립하는 걸 원치 않았어요. 메리는 자신이 믿는 가톨릭교회를 따르지 않는 개신교도 300명을 처형했어요.

불복종은 곧 죽음!

헨리 8세는 원하는 것은 반드시 가져야 했어요. 헨리의 아내들과 신하들은 그가 기분 좋을 때만 목숨을 부지할 수 있었지요. 그에 대한 불복종은 곧 죽음을 의미했어요.

23 '왕들의 여왕'으로 통한 클레오파트라

클레오파트라는 고대 이집트의 마지막 왕이었어요. 그녀는 강력했던 이집트 왕국이 스러져 가고 백성들이 굶주려 죽는 것을 지켜봐야 했어요. 그 와중에 적국인 로마의 장군과 사랑에 빠졌어요. 사랑에 빠져 나랏일을 소홀히 했던 걸까요? 아니면 자신의 미모를 이용해 로마의 침략을 막으려 했던 걸까요? 무엇을 원했든 클레오파트라는 실패했어요. 3,000년간 위풍당당했던 이집트가 로마에 정복당하고 말거든요.

클레오파트라의 정보

- 별명: 완벽한 여인, 왕들의 여왕
- 출생지: 이집트
- 재위 기간: 기원전 51년~30년
- 신분: 이집트의 여왕
- 만행: 가족을 죽이려고 모의
- 사망: 독으로 자살

클레오파트라는 백성들이 헐벗고 굶주릴 때도 화려한 옷을 입고 축제를 열었어요.

양탄자에 몰래 숨어들다

기원전 48년 로마 제국의 총사령관 율리우스 카이사르가 이집트에 도착했어요. 클레오파트라는 남동생이 자신을 죽이고 이집트를 차지할까 봐 카이사르의 방에 몰래 들어가 자신을 보호해 달라고 부탁했어요.

서프라이즈!

오, 아름다운 클레오파트라!

60

무서운 가족

카이사르와 클레오파트라는 결국 사랑에 빠졌어요. 그리고 얼마 뒤 클레오파트라의 남동생이 죽은 채로 발견되었어요. 이런 의문의 죽음은 처음 있는 일이 아니었어요. 클레오파트라의 두 오빠와 세 자매도 모두 처형되거나 살해당했거든요.

수염 달린 여자

여성 통치자가 인정받기란 쉽지 않았어요. 이집트의 여왕 하트셉수트(기원전 1508년~기원전 1458년 통치)는 남성 못지않은 능력을 보여 주려고 가짜 수염을 달았어요. 수염은 왕의 권력을 상징했지요.

오, 나의 여신님!

카이사르는 클레오파트라의 황금 조각상을 만들었어요. 그것은 마치 생명과 사랑의 여신 이시스 같았지요. 로마 제국 사람들은 큰 충격에 빠졌답니다.

누가 범인이냐고? 내가 죽였지!*

치욕적으로 살 것인가, 죽을 것인가?

카이사르는 기원전 44년에 살해당했어요. 그 뒤 클레오파트라는 로마의 장군 마르쿠스 안토니우스와 사랑에 빠졌어요. 둘은 이집트를 다스리면서 로마 제국을 정복하겠다는 야심을 품었어요. 하지만 그들의 군대는 기원전 31년 로마의 옥타비아누스에게 패배하고 말지요. 절망과 치욕에 빠진 두 사람은 스스로 목숨을 끊었어요.

*클레오파트라가 독사에게 물려 자살했다는 이야기도 있어요.

가장 많은 영토를 잃어버린 존 왕

영국의 역대 왕 중에서 '나쁜'이라는 수식어가 유일하게 붙은 왕이 바로 존 왕이에요. 존 왕은 키가 작고 뚱뚱했으며, 화려한 옷을 즐겨 입고 여자를 좋아하고 사치스러웠어요. 가혹한 법을 만들어 백성들의 땅과 재산을 빼앗았고, 교회를 조롱했어요. 최악으로 꼽히는 일은 프랑스와의 전쟁에서 비옥한 영토를 잃어버린 거예요. 백성의 삶은 이전보다 더욱 힘들어졌지요.

존 왕의 정보

- 별명: 가장 많은 영토를 잃은 왕, 무딘 칼의 왕
- 출생지: 영국
- 재위 기간: 1199년~1216년
- 신분: 아일랜드의 군주, 아키텐(프랑스 남서부 지방)의 왕자, 영국의 왕
- 만행: 탐욕스럽고 불공정한 통치, 전쟁을 일으켜 영토의 절반을 잃음.
- 사망: 이질에 걸려 죽음.

존 왕은 화가 나면 자신의 손가락을 마구 물어뜯었대요.

목숨도 잃고, 보물도 잃고!

1216년 존 왕은 왕실에서 쫓겨나 돌아다니다 병이 난 지 6일 만에 죽었어요. 병에 걸린 와중에도 왕실 재산을 실은 마차를 워시만으로 보냈다가 몽땅 썰물에 잃어버리고 큰 충격을 받았어요.

대헌장

존 왕은 혹독한 통치를 해서 귀족들의 원성을 샀어요. 1215년에 귀족들은 자신들의 요구사항을 담은 대헌장을 만들었어요. 주요 내용은 재판 없이 투옥을 금지할 것, 귀족들과 상의하지 않고 새로운 세금을 거둘 수 없다는 것이었어요.

서명은 할게. 하지만 지키는 건 내 마음이야!

'로빈 후드' 전설의 탄생

의적 '로빈 후드' 이야기가 탄생한 것도 이 무렵이에요. 존 왕은 왕족 출신 관리들에게 권력을 주었고, 백성들은 잔인하고 탐욕스러운 정치에 시달렸어요. 특히 영국 중북부에 있는 노팅엄의 성주는 로빈 후드의 가장 큰 적이었어요.

돈이 많이 드는 취미

존 왕은 전쟁을 일으키고, 성을 짓고, 보석과 비싼 옷을 사고, 여자 친구를 위해 쓸 돈이 필요했어요. 주변 사람들에게는 자신을 지지해 달라는 뜻으로 값비싼 선물을 퍼부었어요. 그 많은 돈을 어떻게 감당했냐고요? 세금을 올리고, 왕국 구석구석에서 혹독하게 세금을 거두었지요.

좋게 말할 때 내놔!

교황의 말을 거스르다니, 대가는 치러야지!

결혼식도 장례식도 안 돼!

존 왕은 대주교를 직접 임명하려고 했지만 교황은 단칼에 거절했어요. 교황은 존 왕을 벌하기 위해 영국에서 종교 행사를 금지하겠다고 선포했어요. 거기에는 장례식과 결혼식도 포함되었어요. 백성들은 이런 황당한 상황을 만든 존 왕에게 분노했어요.

25 피비린내 나는 정치를 한 로베스피에르

"왕은 반드시 죽어야 한다!" 프랑스의 성난 군중들이 파리 거리를 뒤덮었어요. 1789년 프랑스 사람들은 루이 16세를 몰아내기 위해 혁명을 일으켰고, 마침내 성공했어요. 1793년부터 이듬해까지는 로베스피에르가 혁명을 이끌었어요. 하지만 그의 공포 정치로 '시민의 적'으로 여겨졌던 왕실 가족과 4만여 명의 사람들이 피비린내 나는 죽임을 당했어요.

단두대

로베스피에르의 정보

- 별명: 흡혈귀, 부패하지 않는 자
- 출생지: 프랑스
- 생애: 1758년~1794년
- 신분: 변호사, 혁명가
- 만행: 피비린내 나는 공포 정치
- 사망: 단두대에서 처형당함.

처형당하기 전날, 로베스피에르는 스스로 목숨을 끊으려고 했어요. 단두대에서 머리가 잘린 뒤에도 계속 고통을 느낀다는 말을 듣고 두려워서였는지도 몰라요.

1년 천하

처음에 로베스피에르는 선동적인 말솜씨와 청렴결백함으로 시민들의 지지를 받았어요. 하지만 그의 생각은 점점 극단으로 치달으며 위험해졌어요. 로베스피에르는 공포와 학살만이 새로운 혁명 정부의 원동력이라고 믿었어요. 그는 1년 동안 지도자 자리에 있다가 사형 선고를 받았어요.

사치스러운 귀족과 굶주리는 노동자들

프랑스 혁명은 가난한 노동자들의 저항에서 시작됐어요. 마리 앙투아네트 왕비를 비롯한 왕족과 귀족이 사치를 즐기는 동안, 노동자들은 무거운 세금에 시달렸어요.

먹을 빵이 없다고요? 그럼 케이크를 먹어요.

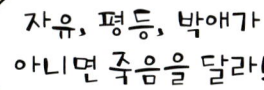

자유, 평등, 박애가 아니면 죽음을 달라!

자기 덫에 빠지다!

로베스피에르의 공포 정치 기간 동안, 수천 명의 파리 시민들이 단두대에서 목숨을 잃었어요. 농촌에서는 혁명에 반대한다는 이유로 수천 명의 귀족과 성직자, 정부 관리와 일반 시민이 성난 군중에게 죽임을 당했어요. 로베스피에르는 자신이 시작한 대량 학살을 막을 수 없었어요.

학자를 죽이고 책을 불태운 진시황제

진시황제는 오랫동안 분열되어 있던 중국을 통일하고 진나라를 세웠어요. 그의 명령으로 쌓은 만리장성은 세계 7대 불가사의 중 하나예요. 진흙으로 된 수천 병사와 말, 마차가 지키는 그의 무덤 역시 마찬가지예요. 하지만 진시황제의 거대한 토목 공사로 수만 명의 백성이 혹독한 노동에 시달리다 죽음을 당했어요.

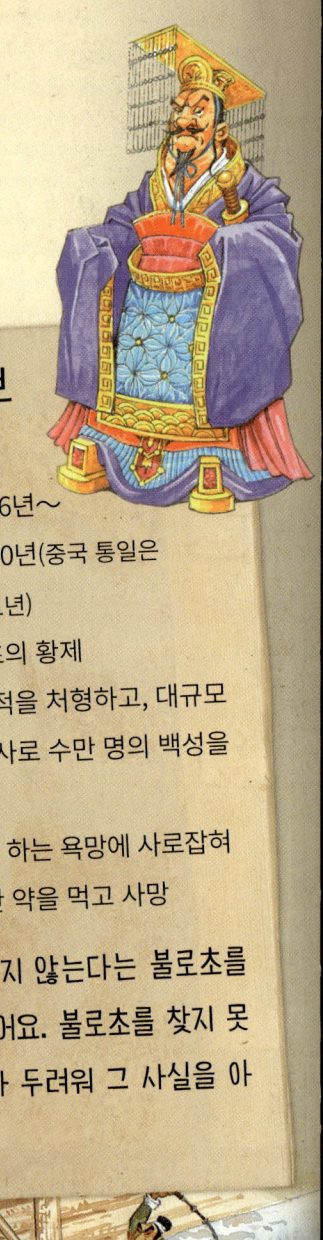

진시황제의 정보

- 출생지: 진나라
- 재위 기간: 기원전 246년~기원전 210년(중국 통일은 기원전 221년)
- 신분: 중국 최초의 황제
- 만행: 수많은 적을 처형하고, 대규모 토목 공사로 수만 명의 백성을 죽임.
- 사망: 영원히 살고자 하는 욕망에 사로잡혀 수은이 들어간 약을 먹고 사망

진시황은 먹으면 늙지 않는다는 불로초를 찾아오라고 명령했어요. 불로초를 찾지 못한 신하들은 황제가 두려워 그 사실을 아뢰지도 못했어요.

넘어진 척하고 쉬는 거 다 알아! 셋 셀 동안 일어나!

책을 불태우고 사람을 땅에 묻고!

진시황은 강력한 통치를 위해 새 화폐를 발행하고, 도량형을 통일하고, 도로와 운하를 건설하고, 배와 마차를 만들고, 문자도 다시 만들었어요. 그런데 다른 한편으로는 자신의 생각과 다른 책들을 불사르고, 학자들을 잡아다 산 채로 땅에 묻었어요.

황제보다 권력자였던 황후

중국 청나라 말기에는 서태후(1835년~1908년)가 실질적인 권력자였어요. 그녀는 어린 아들 동치제(1861년~1874년 통치)와 조카 광서제(1875년~1908년 통치)를 대신해 나라를 다스렸어요. 부도덕하고 탐욕스럽다고 비난받지만, 또 한편에서는 어려운 시기에 중국을 지키려고 최선을 다했다는 평가도 받아요.

쉿! 진시황의 죽음을 알리지 마라

나는 영원히 살 거야! 절대 안 죽어!

진시황이 숨을 거두자 신하들은 그 사실을 숨겼어요. 그들은 시체 썩는 냄새를 감추기 위해 마차 뒤에서 썩은 생선을 가득 실은 수레를 몰았어요. 진시황을 매장한 뒤에는 무덤의 비밀이 세상에 알려지지 않도록 운반과 무덤 공사를 했던 인부들을 모두 죽여 버렸어요.

썩은 생선 수레

27 '천둥 황제'라 불린 이반 4세

이반 4세의 정보

- 별명: 천둥 황제
- 출생지: 러시아 모스크바
- 재위 기간: 1533년~1584년
- 신분: 러시아의 첫 차르(황제)
- 만행: 시민 학살
- 사망: 살해로 추정

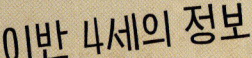

이반의 비밀경찰들은 시민들을 위협하기 위해 죽은 개의 머리를 들고 다녔다고 해요.

이반 4세는 왕위에 오르고 얼마 동안은 나라를 잘 다스렸어요. 정부와 법을 개혁했고, 훌륭한 건축물을 지었으며, 예술과 공예, 무역을 발전시켰고, 시베리아를 점령해 영토를 확장시켰어요. 하지만 나이가 들면서 변하고 말았어요. 병이 든 탓인지, 정신이 쇠약해진 탓인지, 혹은 독에 중독된 탓인지 알 수 없어요. 그의 본성이 사악했던 것인지도 모르지요.

이반 4세는 러시아의 노브고로드 시민들과 충돌했어요. 그는 자신을 '신의 손'이라 칭하며 노브고로드의 모든 시민을 죽이라고 명령했어요. 그래서 시민 6만 명이 목숨을 잃고 말았어요.

더 아름다운 건축물은 안 돼!

이반 4세는 러시아에서 제일 뛰어난 건축가에게 세상에서 가장 멋진 성당을 지으라고 명령했어요. 소문에 의하면 성당이 완성되고 나서 그보다 아름다운 건축물을 짓지 못하게 하려고 건축가의 눈을 멀게 만들었다고 해요.

성 바실리 대성당

농부를 농노로!

이반 4세는 러시아 농부들의 자유를 빼앗아 노예나 다름없는 '농노'로 만들어 버렸어요. 주인의 소유물이 된 농노들은 동물과 비슷한 취급을 받았어요.

황제의 개들

이반 4세는 '오프리츠니키'라는 잔혹한 비밀경찰을 조직했어요. '황제의 개들'이라는 별명을 가진 비밀경찰은 사람들을 감시하고 염탐했어요. 사람을 죽이거나 재산을 불태우고 빼앗을 수도 있었어요. 이 모든 일은 황제의 허락 하에 진행되었어요.

아들을 죽인 황제

이반 4세는 황태자비의 차림새가 적절하지 않다며 며느리를 무지막지하게 때렸어요. 황태자가 아내를 보호하려고 나서자 아들의 머리도 커다란 막대로 내리쳤어요. 그 바람에 황태자는 목숨을 잃었고, 임신 중이던 황태자비는 유산하고 말았어요.

황제의 개들에게 물리지 않게 조심해!

28 드라큘라로 유명한 블라드 3세

만일 블라드 3세의 이야기가 사실이라면 그는 역사를 통틀어 가장 사악하고 잔인한 통치자일 거예요. 하지만 끔찍한 이야기 중 대부분은 그의 적들이 만들어 낸 거예요. 그가 나라를 지키기 위해 적에 맞서 용감하게 싸우고 그들을 아주 끔찍하게 죽인 것은 분명한 사실이지만요.

블라드 3세의 정보

- 별명: 흡혈귀, 드라큘라
- 출생지: 트란실바니아(옛 헝가리, 지금의 루마니아)
- 재위 기간: 1448년, 1456년~1462년, 1476년
- 신분: 군 통수권자, 통치자
- 만행: 대량 학살 및 고문
- 사망: 오스만 제국과의 전투에서 전사

블라드 3세가 적군의 피부를 벗겨 끓이고 구워서 그들의 가족에게 먹였다는 끔찍한 소문이 있어요.

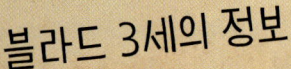

영웅인지 괴물인지 헷갈린다고? 둘 다 나야!

블라드 3세의 정체?

블라드 3세의 별명은 '용의 아들'이라는 뜻의 드라큘라였어요. 아버지의 별명이 '용'이었거든요. 블라드 3세는 1896년 아일랜드 출신의 브램 스토커의 소설 『드라큘라』의 모델이 되면서 유명해졌어요. 소설 속의 드라큘라는 피에 굶주린 뱀파이어 악당이지만, 블라드 3세가 진짜 흡혈귀는 아니었답니다.

너무 잔인한 경고

블라드 3세가 사람을 죽일 때 즐겨 쓴 방법은 말뚝에 꽂아 죽이는 거였어요. 법과 질서를 세우기 위해 그런 방법을 썼다고 해요. 잔혹한 처벌을 내려 범죄자나 침략자에게 엄중 경고를 한 것이지요.

머리에 못을 박았다고?

블라드 3세는 몇 해 동안 오스만 제국에 맞서 싸웠어요. 성으로 찾아온 평화 사절단을 죽여 버린 일도 있어요. 그는 터번을 벗어 예의를 갖추는 행동이 느렸다는 이유로 사절단의 머리에 못을 박아 죽였답니다.

29 아프리카를 착취한 레오폴드 2세

19세기 유럽 국가들은 해외 식민지와의 무역을 통해 막대한 부와 막강한 권력을 쌓았어요. 식민지가 없었던 벨기에의 왕 레오폴드 2세 역시 제국 건설의 꿈을 꾸었어요. 마침내 1885년에 군인과 탐험가를 고용해 아프리카의 콩고 자유 공화국(지금의 콩고 민주 공화국)에 식민지를 건설했어요. 그리고 그곳 사람들을 잔인하게 부리고 무역을 통해 많은 돈을 벌어들였지요.

당시 영국의 한 풍자만화는 아프리카 사람들을 착취하는 레오폴드 2세를 뱀으로 표현했어요.

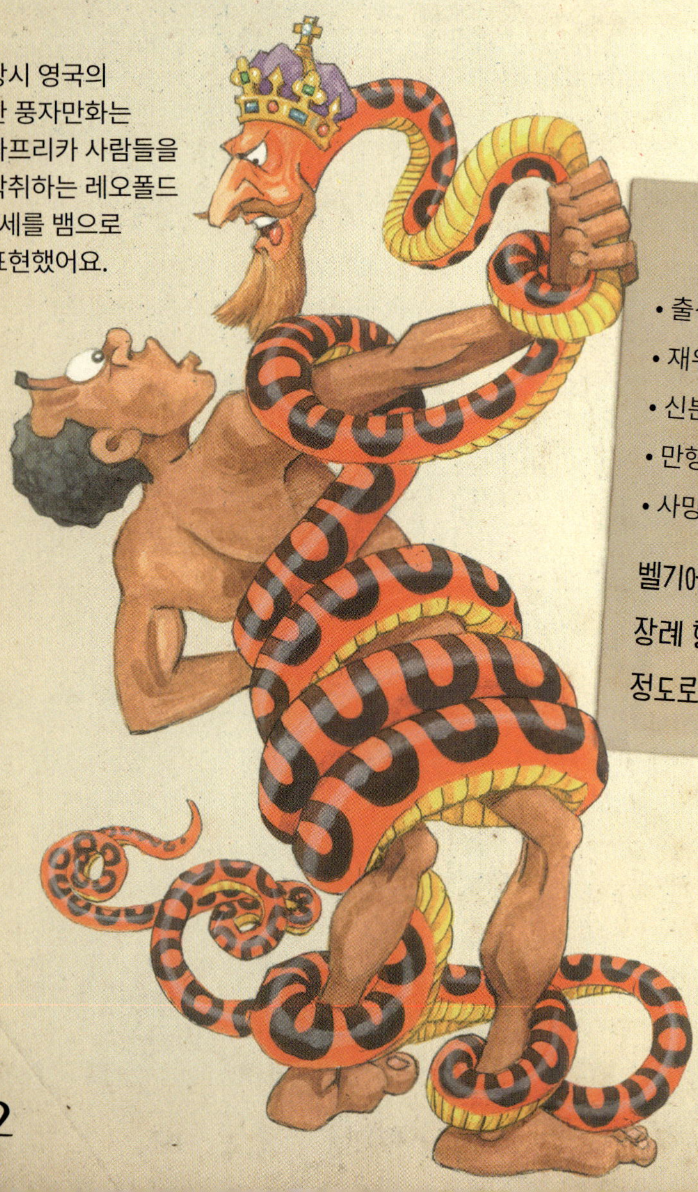

레오폴드 2세의 정보

- 출생지: 벨기에
- 재위 기간: 1865년~1909년
- 신분: 벨기에의 왕
- 만행: 식민지인 착취 및 학살, 인권 유린
- 사망: 벨기에의 집에서 편안히 사망

벨기에 사람들은 레오폴드 2세의 장례 행렬에 야유를 퍼부을 정도로 왕을 미워했어요.

식민지 사람들을 노예로!

콩고 자유 공화국은 한 나라의 식민지라기보다 레오폴드 2세 개인의 식민지나 다름없었어요. 식민지 노예들이 고무나 상아를 충분히 바치지 않으면 손을 잘라 버렸답니다. 어떤 사람은 맞아서 목숨을 잃기도 했어요. 레오폴드 2세가 통치하는 동안 식민지 사람들 절반이 목숨을 잃었고, 나머지 사람들 역시 굶주림과 질병으로 세상을 떠났어요.

100년 만에 찾은 자유

1904년 선교사들은 이런 극악무도한 사건을 알리기 위해 콩고 개혁 위원회를 만들었어요. 레오폴드 2세의 만행이 전 세계에 알려지자, 1908년 벨기에 정부는 자신들이 통치하기로 했어요. 콩고 자유 공화국은 1960년에야 진정한 독립을 맞이했어요.

가재는 게 편!

레오폴드 2세는 영국의 빅토리아 여왕과 가까운 친척 관계였어요. 그래서 영국 정부는 그의 끔찍한 범죄를 비난하지 않았어요. 하지만 1901년 여왕이 세상을 떠나자마자 소리 높여 레오폴드 2세를 비난했어요.

아프리카를 넘보는 검은 마음

1881년부터 1914년까지 유럽은 서로 아프리카를 차지하려고 경쟁했어요. 아프리카의 금, 다이아몬드, 구리, 고무, 상아 같은 풍부한 자원이 탐났거든요.

로마의 폭군, 네로 황제

네로는 17세의 어린 나이에 로마 제국의 황제에 올랐어요. 그래서였을까요? 그는 너무 빨리 권력의 맛에 취해 버렸어요. 로마 시민들의 사랑을 얻기 위해 현명한 조언을 듣는 대신, 마구잡이로 나랏돈을 써 댔어요. 결국 반대 세력이 생겨났지요. 하지만 네로는 자기 마음에 들지 않으면 누구든 없애 버렸어요.

네로 황제의 정보

- 출생지: 로마
- 재위 기간: 54년~69년
- 신분: 로마의 황제
- 만행: 가족 및 반대파 살해, 기독교인 박해
- 사망: 암살을 피해 자살

네로는 새 궁전을 지을 땅을 마련하려고 로마 시내 절반을 불태웠어요.

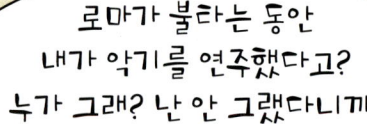

로마가 불타는 동안 내가 악기를 연주했다고? 누가 그래? 난 안 그랬다니까!

남편으로도 빵점!

네로 황제는 이혼한 첫 번째 부인을 로마에서 추방했어요. 그 뒤 전 부인이 다시 로마로 돌아오자 처형해 버렸고, 두 번째 부인은 갑자기 쓰러져 죽었어요. 네로가 발로 차서 죽었다는 소문이 돌았답니다.

피로 얼룩진 황제 자리

54년 네로의 어머니 아그리피나는 아들을 황제로 만들기 위해 남편이자 네로의 의붓아버지인 클라우디우스 황제를 죽였어요. 그다음 해에 네로는 의붓형인 브리타니퀴스를 독살했어요. 그리고 59년에는 음모를 꾸민다는 죄목으로 어머니마저 죽였어요.

막무가내 네로!

네로에게 맞서는 자는 누구도 무사하지 못했어요. 그는 자신을 반대하는 사람들을 셀 수 없이 많이 죽였어요. 자신이 노래할 때는 손뼉을 치게 했고, 올림픽 경기의 전차 시합에서는 심판에게 자신을 우승자로 선언하라고 시켰어요.

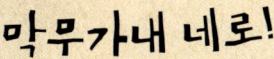

오오우 우승했다!

죽이는 방법도 가지가지

네로는 기독교인들이 자신의 권력에 방해가 된다고 생각했어요. 그래서 아주 끔찍한 방법으로 그들을 죽였어요. 산 채로 불에 태우거나, 십자가에 못을 박아 죽이거나, 굶주린 들개에게 먹이로 던져 주거나, 사자의 미끼로 쓰거나, 실력 있는 검투사와 싸우게 했지요.

31. '마이소르의 호랑이'라 불린 티푸 술탄

티푸 술탄은 사나운 성격과 줄무늬 옷을 즐겨 입은 것으로 유명했어요. 그는 조국인 인도를 지키기 위해 영국에 맞서 싸웠어요. 인도는 결국 1799년에 영국의 식민지가 되고 말았지만, 전 세계 사람인들이 티푸 술탄의 용기를 칭송했어요. "평생을 양처럼 사느니 하루를 살아도 호랑이처럼 살겠다." 티푸 술탄이 남긴 말이에요.

티푸 술탄의 정보
- 별명: 마이소르의 호랑이
- 출생지: 인도
- 재위 기간: 1750년~1799년
- 신분: 전사, 인도의 왕
- 적: 인도를 침략한 영국 군대, 왕위를 넘보는 인도 정치가들
- 사망: 수도를 방어하다가 죽음.

티푸는 죄인들을 죽일 때 호랑이 굴에 던져 넣었대요.

호랑이가 영국 군인을 잡아먹는 모습을 실제 크기로 만든 악기 모형

티푸가 우리를 만들었어!

유럽 사람들을 겁주려고 만들었대!

# 32 로마군의 피를 즐겨 마신 부디카의 군대

이케니족의 왕비 부디카의 남편은 죽으면서 왕국의 절반을 로마 제국에 넘겼어요. 하지만 로마는 영토 전부를 요구하며 공격해 왔어요. 몹시 분노한 부디카는 켈트족을 이끌고 론디니움(지금의 영국 런던)으로 쳐들어갔어요. 그녀는 도시를 불태우고 파괴했으며 한 사람도 남김없이 죽여 버렸어요. 로마인들의 기록에 의하면 부디카의 군대는 적의 피를 즐겨 마셨다고 해요.

부디카의 정보

- 별명: 승리
- 출생지: 영국 동부
- 일생: ?~61년
- 신분: 왕비, 여왕, 전사
- 적: 로마군
- 사망: 로마인들에게 체포되기 전에 자살

부디카는 마차 바퀴에 날카로운 칼을 달아 적들을 베었어요.

꼼짝 마라! 부디카가 왔다!

휘리릭!

78

최후의 전투

부디카는 용감했지만 오합지졸인 켈트족은 로마 군대의 적수가 되지 못했어요. 61년 영국 중부에서는 8만여 명에 달하는 켈트족이 로마군에게 목숨을 잃었어요. 여기서 로마군은 400명밖에 죽지 않았어요.

포로가 되느니 목숨을 끊겠다!

로마군이 부디카의 마차를 포위해 오자, 그녀는 독을 삼키고 목숨을 끊었어요. 로마군의 포로가 되는 일은 참을 수 없었던 거예요.

아라비아의 클레오파트라

지금의 시리아인 팔미라 제국에는 제노비아(240년~274년) 여왕이 있었어요. 그녀는 로마 총독을 몰아내고 이집트를 점령할 정도로 위세가 대단했어요. 하지만 얼마 못 가 로마군에 잡혀 감옥에서 목숨을 잃었어요.

33 살인을 일삼는 탐험가, 에르난 코르테스

에스파냐의 가난한 귀족 코르테스는 늘 모험을 동경했어요. 게다가 금에 대한 욕심이 대단했어요. 1518년 코르테스는 남아메리카 대륙의 아즈텍 왕국을 정복하기 위해 길을 떠났어요. 그곳에 도착한 코르테스는 원주민들을 화형에 처하는 등 잔인한 짓을 저질렀어요.

에르난 코르테스의 정보

- 별명: 정복자
- 출생지: 에스파냐
- 일생: 1485년~1547년
- 신분: 귀족, 군인, 탐험가
- 적: 아즈텍 왕국 사람들, 해적들
- 사망: 에스파냐에서 질병으로 사망

아즈텍 왕국에 도착한 코르테스는 타고 온 배를 불태워 버렸어요. 반드시 정복하겠다는 굳은 결심의 표현이었지요.

"아즈텍 원주민들의 반격이 심상치 않다니까."

"반드시 돌아와서 저들을 십자가에 매달 것이다!"

코르테스는 저항하는 아즈텍 사람들을 실제로 십자가에 매달아 고문했어요.

돌판에 새겨진 예언

아름답게 조각된 돌판에는 섬뜩한 예언이 담겨 있었어요. 바다 너머의 케찰코아틀 신이 도착하면 세상이 종말한다는 내용이었지요. 한동안 아즈텍 사람들은 코르테스를 그 신으로 여겼어요. 그때까지 멕시코에는 말이 없었는데, 코르테스 일행이 말을 타고 나타났거든요. 아즈텍 사람들은 말을 탄 에스파냐의 병사들을 마법의 힘을 지닌 괴물이라며 두려워했어요.

질병을 퍼트리는 정복자들

에스파냐의 정복자들은 홍역이나 수두 같은 질병을 퍼트렸어요. 그들이 가진 무기보다 더 위험했지요. 1600년경 아즈텍 사람 여섯 중 다섯이 이런 병으로 죽었어요.

나 곧 죽어?

아쉬운 죽음

한 아메리카 원주민이 에스파냐의 정복자들을 물리칠 뻔했어요. 1553년부터 1557년까지 라우타로는 칠레의 마푸체족을 이끌고 침략자들과 싸웠어요. 하지만 승리를 앞두고 누군가의 배신으로 죽고 말았어요.

아즈텍 사람들은 황제인 몬테수마 2세를 포로로 잡고 군인들을 잔혹하게 처형하자 코르테스에 맞서기 시작했어요. 그러나 에스파냐 군인들이 가진 총을 당할 수는 없었어요. 1521년 결국 아즈텍 왕국은 코르테스에게 정복당하고 말았어요.

81

"주사위는 던져졌다!" 율리우스 카이사르

카이사르는 로마 제국의 총사령관으로, 용감하지만 잔인했고, 영리하지만 교활했어요. 여러 나라를 정복한 그는 정부를 개혁하고, 연설로 대중을 사로잡았으며, 시간 측정 방식도 바꾸었어요. 우리가 지금 사용하는 달력이 바로 카이사르가 만든 것이에요. 그는 소름 끼치도록 무서운 야심가였어요. 카이사르가 권력을 독점하자 반대파가 일어나 그를 죽였고, 로마 시민에게 자유를 되돌려 주었어요.

율리우스 카이사르의 정보

- 별명: 카이사르(훗날 '황제'라는 뜻으로 사용됨.)
- 출생지: 로마
- 일생: 기원전 100년~기원전 44년
- 신분: 군인, 정치가
- 적: 자기 자신
- 사망: 칼에 23번이나 찔려 사망

카이사르의 승리 축하 연회에서 포로 2,000명, 사자 400마리, 말 200필, 코끼리 200마리, 뛰어난 검투사가 서로 싸웠어요. 재미를 위해 수많은 목숨이 버려진 것이지요.

기원전 49년 카이사르는 갈리아를 정복했어요. 로마 원로원은 군대를 해산하라고 했지만, 그는 곧장 로마로 진격했어요. 아무도 막을 수 없었어요.

주사위는 던져졌다! 로마는 내 앞에 무릎을 꿇을 것이다!

붉은 부분이 로마 제국

영국, 독일, 프랑스, 이탈리아, 로마, 그리스, 흑해, 에스파냐, 지중해, 북아프리카

사랑일까, 욕심일까?

제국의 영토를 확장하는 동안, 카이사르는 이집트의 여왕 클레오파트라와 사랑에 빠졌어요. 클레오파트라의 아름다움에 반한 건지, 이집트의 영토가 탐났던 건지 알 수 없어요.

갈리아 전투

갈리아 전투에서 얼마나 많은 사람이 다치고 죽었는지 몰라요. 로마 역사가들에 따르면 100만 명 정도가 죽었고, 100만 명 정도가 포로가 되어 노예로 팔려 갔다고 해요.

"설마 우리를 팔 생각은 아니지?"

덤비면 죽는다!

기원전 42년 갈리아의 왕이 카이사르에게 맞서다 패했어요. 카이사르는 왕을 로마로 끌고 가 길거리의 웃음거리로 만든 뒤에 잔인하게 처형했어요.

왔노라, 보았노라, 이겼노라!

기원전 48년 카이사르는 정치적 경쟁자였던 폼페이우스를 이겨 권력을 장악했어요. 그 뒤 그가 소아시아에서 반란군을 진압하고 나서 쓴 편지의 첫 문장에는 이렇게 쓰여 있었어요. "왔노라, 보았노라, 이겼노라!"

"돌격 앞으로!"

35 '악마의 아들'이라 불린 벤케이

벤케이의 정보

- 별명: 악마의 아들
- 출생지: 일본
- 일생: 1155년~1189년
- 신분: 스님, 사무라이
- 라이벌: 요시츠네

벤케이는 이가 날카롭고 뾰족한 데다 머리마저 길어서 '악마의 아들'이라 불렸어요. 키도 2미터가 넘었어요.

스님이자 사무라이였던 벤케이는 특별한 검을 만들기 위해 칼 조각 1,000개를 모으려고 사무라이들에게 결투를 신청했어요. 얼마 뒤 그는 999명의 사무라이를 죽이고 그들의 칼을 빼앗았어요. 하지만 마지막에 대적한 젊은 사무라이 요시츠네에게 지고 말았어요. 벤케이는 요시츠네에게 충성을 맹세했고, 둘은 친구가 되어 죽음까지 함께했답니다.

몸놀림이 엄청 빠른데! 내가 이길 수 있을까?

됐어! 내가 한 발 빨랐어!

이야야얍!

다리가 없으면 강을 가로질러!

1184년 요시츠네와 벤케이를 상대로 싸우던 적들은 유일한 퇴로인 다리를 없애 버렸어요. 하지만 둘은 물살이 거센 강에 뛰어들었고, 무사히 반대편으로 건너갔어요.

건널 수 있다! 이랴! 이랴!

미리 수영을 배웠어야 했나?

두 발로 선 시체

어느 날 성을 지키던 벤케이가 쏟아지는 적들의 화살을 맞았어요. 그의 시체는 몇 시간 동안 두 발로 선 자세를 유지했어요. 그래서 감히 누구도 벤케이의 시체에 다가갈 수 없었어요.

요시츠네의 정보

- 별명: 어린 황소
- 출생지: 일본
- 일생: 1159년~1189년
- 신분: 당시 가장 유명한 사무라이
- 사망: 패배의 치욕을 씻기 위해 스스로 목숨을 끊음.

요시츠네가 죽자 머리를 잘라 적장에게 보냈대요.

내가 죽었게, 살았게?

36 유럽을 공포에 떨게 한 아틸라

훈족의 왕 아틸라는 15년 동안 전 유럽 도시를 공격하며 사람들을 공포에 떨게 했어요. 그는 마을의 교회와 농장, 시장은 물론이고, 음악과 미술, 스포츠 등 유럽인들이 소중하게 생각하는 정신적인 세계조차 모조리 파괴했어요.

아틸라의 정보

- 별명: 신의 채찍
- 출생지: 헝가리
- 일생: 406년~453년
- 신분: 훈족의 왕
- 전투지: 유럽, 중앙아시아
- 사망: 결혼식 날 침대에서 사망, 독살 가능성 있음.

아틸라는 처음에 친형과 권력을 나눠 가졌어요. 하지만 얼마 뒤 형을 죽이고 권력을 전부 차지했어요.

> 내가 왜 왔냐고? 너희를 벌하러 왔지!

파괴자들

435년 아틸라가 이끄는 훈족 전사들은 동유럽을 공격했어요. 그들이 닿는 곳마다 모두 죽음과 파괴로 끝났지요. 아틸라는 80여 개의 도시를 파괴했고, 성스러운 보물로 가득한 교회를 약탈했으며, 성직자들을 학살했어요.

433년 훈족은 콘스탄티노플(지금의 터키 이스탄불) 근처에서 로마군을 굴복시켰어요. 로마는 물러나는 조건으로 2,000킬로그램의 금을 제시했지만, 아틸라는 더 많은 금을 요구했어요.

배고픈데 어떻게 싸워!

451년부터 452년까지 아틸라는 훈족 전사들을 이끌고 로마로 진격해 모든 농작물을 불태우고 가축을 죽여 버렸어요. 결국 로마인들은 굶주릴 수밖에 없었어요. 하지만 훈족의 식량 역시 바닥나서 어쩔 수 없이 후퇴해야 했어요.

37 '꼬마 하사관'이라 불린 나폴레옹

나폴레옹의 정보

- 별명: 꼬마 하사관
- 출생지: 프랑스령 코르시카섬
- 일생: 1769년~1821년
- 신분: 군사령관, 프랑스 황제
- 전투지: 유럽 전 대륙
- 사망: 감옥에서 사망, 독살 가능성 있음.

나폴레옹의 반대파들에 따르면 나폴레옹은 말썽꾸러기 아이들을 잡아먹었다고 해요.

나폴레옹은 외딴섬 코르시카에서 태어나 가난과 설움을 견디며 젊은 시절을 보냈어요. 그 후 천재적인 능력과 자신감으로 전쟁의 영웅이 되었고, 프랑스 황제의 자리까지 올랐어요. 나폴레옹은 수많은 전투에서 승리를 거두었지만, 언제 멈춰야 하는지를 몰랐어요. 그가 군대를 이끌고 벌인 전쟁 때문에 프랑스 경제는 파탄 났고, 600만 명이 목숨을 잃었어요.

아, 춥고 배고파. 이게 다 나폴레옹 때문이야.

승리의 영광 끝에는 꼭 재앙이 기다린단 말이야.

허를 찔러야 해

나폴레옹은 용감하고 대담했어요. 적군이 예상치 못한 길로 움직였고, 생각지 못한 때에 공격하여 수많은 전투에서 승리했어요. 냉정한 면도 있었어요. 1796년 이탈리아를 침공했을 때, 병사들에게 재빨리 움직여서 가차 없이 해치우라고 명령하기도 했지요.

내 사전에 불가능이란 말은 없다!

공격 준비! 적군이 몰려온다!

삼박자를 갖춘 군대

나폴레옹의 군대는 이전의 어떤 프랑스 군대보다 훈련이 잘 되어 있었어요. 명중률이 높은 대포, 무기를 재빨리 이동시킬 수 있는 마차, 적의 동태를 살피는 열기구도 갖추고 있었어요.

나폴레옹 제국

1799년부터 1814년까지 나폴레옹은 전 유럽을 제패했어요. 하지만 1815년 워털루 전투에서 영국에 패한 뒤 그의 권력은 무너져 내렸어요.

38. 살라딘과 리처드 1세의 대결

기독교도인 리처드 1세와 이슬람교도인 살라딘. 이 두 전사는 신을 위해 싸운다는 신념으로 전투에 임했어요. 그들은 각각 제3차 십자군 전쟁에서 유럽과 중동을 대표해 예루살렘에서 맞붙었어요. 둘은 직접 만난 적은 없지만, 서로 상대의 용기와 전략을 높이 평가했어요.

살라딘의 정보
- 별명: 신앙의 평안, 살라딘
- 출생지: 이집트
- 일생: 1138년~1193년
- 신분: 지도자, 전사
- 전투지: 예루살렘
- 사망: 프랑스에서 활에 맞은 상처가 덧나 사망

살라딘은 자비로웠지만 십자군 병사들은 무자비했어요.

전투 없이 승리하다!

1187년 하틴 전투에서 살라딘은 행군하던 십자군 주변의 마른 풀과 나무에 불을 질렀어요. 다음 날 살라딘의 군대는 쉴 수 있었고, 십자군은 1만 명이 넘는 병사를 잃었어요.

왕들끼리 싸우는 건 품위 없는 일이지!

리처드 1세의 정보

- 별명: 사자왕
- 출생지: 영국
- 일생: 1157년~1199년
- 신분: 영국의 왕
- 전투지: 예루살렘
- 사망: 시리아에서 열병으로 사망

리처드 1세가 프랑스 영토를 점령해 무자비하게 통치하자 그곳 사람들은 반역을 도모했어요.

돈을 위해서라면!

리처드 1세는 군자금을 모으려고 영국 국민에게 '살라딘 십일조'라는 세금을 거뒀어요. 또 정부의 높은 관직을 돈을 받고 팔기도 했어요. 리처드 1세는 "살 사람만 있다면 나는 영국도 팔 것이다."라는 말도 남겼어요.

땡그랑!

무자비한 정의로움

살라딘은 자비로우면서도 무자비했어요. 1187년 살라딘은 선량한 상인과 순례자, 농부를 괴롭히는 레날 드 샤티옹을 잡았어요. 레날이 살려 달라고 애원했지만, 가차 없이 목을 베었어요.

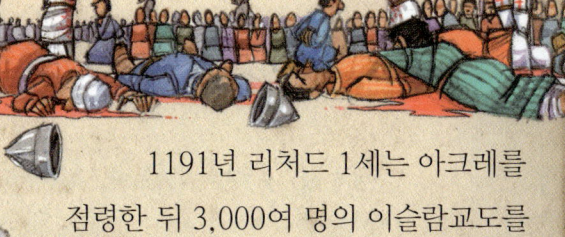

1191년 리처드 1세는 아크레를 점령한 뒤 3,000여 명의 이슬람교도를 학살했어요. 목숨만은 살려 주겠다고 약속까지 했는데 말이지요. 아마 반란을 일으킬 수 있는 포로들을 살려 두고 싶지 않았을 거예요.

전 세계를 벌벌 떨게 할 거야!

39 '신의 아들'이라 불린 알렉산드로스 대왕

알렉산드로스 대왕은 작은 키와 고집스럽고 불같은 성격을 가졌음에도 매력이 넘치고 야망이 큰 사람이었어요. 자신의 부하들에게 세상 끝까지 따라오라고 큰소리칠 정도였지요. 알렉산드로스는 현명하고 치밀한 전략을 세워 전투에서 한 번도 패한 적이 없었어요.

알렉산드로스 대왕의 정보

- 별명: 위대한 왕, 신의 아들
- 출생지: 마케도니아
- 일생: 기원전 356년~기원전 323년
- 신분: 지도자, 전사
- 전투지: 전 세계
- 사망: 바빌론에서 사망, 독살 가능성 있음.

알렉산드로스는 당시 막강한 제국이었던 페르시아의 수도에 불을 질렀어요. 도시는 완전히 잿더미가 되었어요.

알렉산드로스는 목이 비틀어진 채로 태어나서 늘 시선이 위를 향했어요.

인간 세상에 신이 있다면, 그건 바로 나!

기원전 332년 이집트를 정복한 알렉산드로스는 태양신 아몬의 신전을 방문했어요. 그곳의 한 제사장이 알렉산드로스를 '신의 아들', '우주의 지도자', '이집트의 파라오'라고 불렀대요.

몽골 제국을 건설한 칭기즈 칸

칭기즈 칸은 중앙아시아의 몽골 부족을 최초로 통일했고, 전 세계를 통틀어 가장 광대한 제국을 건설한 황제였어요. 하지만 무자비한 파괴를 일삼아서 살아 있는 동안은 물론이고, 수백 년이 지난 뒤에도 가장 두려운 인물 중 한 사람으로 꼽혀요. 칭기즈 칸의 군대는 남녀노소 할 것 없이 무려 4,000만 명이 넘는 사람들을 죽였어요.

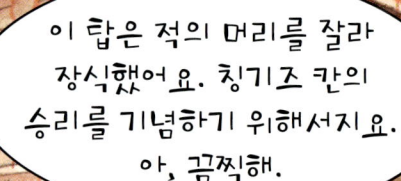

이 탑은 적의 머리를 잘라 장식했어요. 칭기즈 칸의 승리를 기념하기 위해서지요. 아, 끔찍해.

칭기즈 칸의 정보

- 출생지: 몽골
- 일생: 1162년~1227년
- 신분: 몽골 제국의 왕
- 전투지: 전 세계
- 사망: 비밀에 싸여 있음.

칭기즈 칸의 시체가 고향으로 돌아오는 길에 주변에 있던 모든 생물을 죽여 사후 세계로 함께 보냈어요.

"우리는 달리면서 쏘아도 백발백중이야!"

잔인함도 세계 최고

칭기즈 칸에게 맞서는 자는 혹독한 벌을 받았어요. 적군 대장의 눈과 귀에 뜨거운 쇳물을 붓거나 온몸의 뼈를 부러뜨리기도 했어요.

"아, 뜨거운 쇳물에서는 이런 소리가 나는구나!"

무적의 전사들

몽골의 전사들은 달리는 말 위에서 적들에게 화살을 쏘았어요. 어마어마한 투석기로 적군에 큰 돌을 발사했고요. 그들은 돈을 내놓아야만 공격을 멈추고 돌아갔어요.

티무르

티무르는 아버지가 중앙아시아의 튀르크인이고, 어머니가 칭기즈 칸의 후예였어요. 그는 칭기즈 칸의 후손들을 허수아비 칸으로 내세워 제국을 통치했어요.

"난 이런 것도 잘해!"

"휘리릭!"

몽골 제국

새로운 제국, 새로운 길

1206년부터 1227년까지 칭기즈 칸은 태평양에서 카스피해에 이르는 거대한 땅을 정복했어요. 몽골 제국은 유럽과 아시아를 잇는 교통로를 만들었고, 이 길을 통해 중국의 인쇄술과 종이, 화약, 나침반 등이 서양에 전해졌어요.

 교수형에 처해진 해적 선장, 윌리엄 키드

영국의 선장 윌리엄 키드는 정부로부터 프랑스 배와 해적들을 공격하고 약탈할 수 있는 권리를 얻었어요. 1698년 그는 으리으리한 퀘다 머천트호를 납치했어요. 그 배는 프랑스 깃발을 달고 있었지만, 사실 인도에서 왔어요. 인도 왕자들은 키드를 맹렬히 비난했어요. 그러자 영국도 키드에게 등을 돌렸고, 선원들도 떠나고 말았어요. 결국 키드는 배를 타고 숨어 버렸어요.

윌리엄 키드의 정보

- 별명: 캡틴 키드
- 출생지: 스코틀랜드
- 일생: 1645년~1701년
- 신분: 사나포선 선장, 해적
- 활동지: 카리브해, 인도양
- 사망: 교수형

키드 선장은 두 번이나 교수대에 매달렸어요. 처음에 교수대 밧줄이 끊어져서 죽지 않자 한 번 더 매단 것이지요.

> 아, 하마터면 죽을 뻔했네.

무슨 죄를 지었기에

1699년 키드 선장은 미국 보스턴에서 잡혀 영국 런던으로 보내졌어요. 그리고 런던에서 교수형에 처해졌어요.

비열한 배신자들!

영국과 아일랜드의 부유한 정치가들은 키드의 사나포선 항해를 몰래 지원했어요. 그들은 약탈한 보물을 자신들에게도 어느 정도 나눠 줄 거라고 기대했어요. 하지만 키드 선장이 재판을 받게 되자, 후원자들은 자신의 경력에 흠집이 생길까 봐 등을 돌렸어요. 만약 그들이 보호해 주었다면 키드는 풀려났을지도 몰라요.

이래도 해적질 할래?

키드의 시체는 아스팔트가 발라지고 쇠고리가 채워진 채 런던 근처 틸버리 부두에 매달렸고, 해골이 될 때까지 내걸렸어요. 그곳을 오가는 선원과 해적에게 보내는 경고였지요.

보물은 어디에 있을까?

키드가 죽고 나자 사람들은 퀘다 머천트호의 보물이 어디에 숨겨졌는지 궁금해했어요. 한때는 뉴욕의 롱아일랜드에 묻혀 있다는 소문이 돌기도 했어요. 수많은 사람들이 보물을 찾아 헤맸지만 아직까지 아무도 발견하지 못했어요.

최고의 바이킹으로 꼽히는 스웨인 애슬라이프슨

스웨인 애슬라이프슨은 좋은 친구들과 풍요로운 농장, 으리으리한 집과 멋진 가족을 가진 사람이었어요. 그는 이 모든 것을 싸우고, 빼앗고, 죽여서 얻었어요. 스웨인은 부와 명예를 얻고 피비린내 나는 원한으로부터 가족을 보호하기 위해 싸웠어요.

스웨인 애슬라이프슨의 정보

- 일생: 1120년~1160년(확실치 않음.)
- 출생지: 오크니제도(스코틀랜드와 노르웨이 사이에 있음.)
- 신분: 해적, 침략자
- 활동지: 스코틀랜드, 아일랜드, 웨일스
- 사망: 집에서 자연사

스웨인은 로스타와 원수지간이었어요. 1139년 스웨인은 로스타의 가족이 집에 갇힌 것을 알면서도 그의 집에 불을 질렀어요.

우리는 해적이다!

바다에서 온 침략자들!

날씨가 좋으면 바이킹 해적들은 해안가 마을이나 수도원, 시장을 공격했어요. 해적선을 타고 날카로운 검과 도끼를 휘두르면서요. 해적들은 자비라고는 눈곱만큼도 없는 사람들이었어요.

싹 쓸어 가다!

바이킹 해적들은 팔 수 있는 것은 무엇이든 약탈했어요. 교회에서는 금과 은을, 상인에게서는 모피와 보석을 빼앗았어요. 노예로 팔려고 젊은이들도 잡아갔어요.

바이킹의 1년

1200년경 아이슬란드에서 쓰인 「오크닝가 사가」라는 서사시를 보면 스웨인의 한 해를 알 수 있어요.

- 겨울: 전사들과 함께 고향에서 지냈어요.
- 이른 봄: 농장에서 농작물을 심었어요.
- 늦은 봄: 아일랜드와 스코틀랜드의 섬을 침략했어요.
- 여름: 농장에서 추수했어요.
- 가을: 바다로 나가 침략과 약탈을 일삼았어요.

핏빛 사랑

1140년 스웨인은 웨일스에서 온 해적들을 뒤쫓았어요. 그러다 영국 맨섬에 도착해 아름답지만 슬퍼 보이는 한 여인을 만났어요. 그녀는 웨일스 해적들에게 남편을 잃고 혼자 살고 있었어요. 사랑에 빠진 스웨인은 해적들에게 복수해 주고 그녀와 결혼했어요.

겨울 동안 스웨인과 80명의 전사들은 오크니 제도의 고향 집에서 먹고 마시고 이야기하며 지냈어요.

'가장 해적다운 해적' 앤 보니와 메리 리드

해적 선장들은 "여자들이 문제야!"라는 말을 자주 했어요. 그리고 모든 선원들이 이 말에 동의했어요. 해적들은 여성이 불운을 가져온다고 믿었어요. 질투심을 일으켜 선원들을 싸우게 하고, 전투를 하거나 배를 몰 수도 없다고 생각했지요. 그런데 두 여성 해적이 고정 관념을 깨뜨렸어요. 그녀들이 바로 앤 보니와 메리 리드예요.

앤 보니와 메리 리드의 정보

- 이름: 앤 보니
- 출생지: 아일랜드 코크
- 신분: 해적
- 일생: 1697년 ~ 1721년
- 활동지: 카리브해
- 사망: 알려지지 않음.

- 이름: 메리 리드
- 출생지: 영국 플리머스
- 신분: 해적
- 활동지: 카리브해
- 사망: 감옥에서 열병으로 사망

해적에 남녀가 어딨어?

앤과 메리는 배에서 안전하게 지내기 위해 여자라는 사실을 숨겼어요. 잔혹하고 용감했던 앤과 메리는 남자들과 똑같이 열심히 일했어요. 그녀들은 전혀 '여자답지' 않은 사나운 성미와 욕설, 성급한 성격으로 유명했답니다.

사랑의 도피

앤 보니는 아일랜드에서 미국으로 이민을 갔어요. 그곳에서 해적질을 그만둔 제임스 보니와 결혼했지만, 행복은 오래 가지 않았어요. 그녀는 또 다른 해적 캘리코 잭과 사랑에 빠졌어요. 둘은 카리브해로 가서 배를 약탈하고 죄수들을 납치했는데, 그중에 메리 리드가 있었어요.

파란만장한 삶을 산 남장 여인

어린 시절에 메리 리드는 잔심부름꾼부터 안 해 본 일이 없었어요. 그러다 남장을 하고 영국 군대에 들어갔다가 군인과 결혼해서 여관을 운영했어요. 남편이 죽은 뒤에 다시 바다로 돌아왔는데 캘리코 잭에게 잡혀 해적이 되었어요.

캘리코 잭

'캘리코 잭'이라 불린 래컴은 질 좋은 캘리코 천으로 만든 셔츠를 입었어요. 그는 앤과 메리만큼 용감하지는 못했어요. 영국 해군의 공격을 받자 그는 싸움을 포기하고 체포됐어요. 그 모습을 본 앤 보니가 이렇게 말했대요.

"남자답게 싸웠으면 개처럼 매달려 죽지는 않았을 텐데."

'해적 왕'이라 불린 헨리 에이버리

평생을 바다에서 산 헨리 에이버리는 소년 시절부터 영국 군함을 탔어요. 빨리 부자가 되고 싶었던 그는 서아프리카에서 노예 무역상이 되었어요. 인기도 많고 리더십도 있었던 헨리는 선원들을 선동해서 폭동을 일으키고 타고 있던 배를 빼앗았어요. 그렇게 해적이 된 그는 아시아로 항해하다가 엄청난 행운을 잡았어요. 바로 무굴 제국 황제의 배 간즈이사와이호를 납치한 것이지요.

헨리 에이버리의 정보

- 별명: 롱 벤
- 일생: 1653년~1699년
- 출생지: 영국 데본
- 신분: 해적
- 활동지: 인도양
- 사망: 알려지지 않음.

무굴 제국 황제의 배에는 수백 명의 여인이 타고 있었어요. 여인들은 해적에게 잡히느니 죽겠다며 스스로 목숨을 끊었어요.

치명적인 무기들

커틀러스 단검: 날이 넓적하고 날카로운 정육점의 칼. 해적들이 처음 사용했어요.

폭탄: 항아리나 병에 연기 나는 폭약과 치명적인 탄알이 채워졌어요.

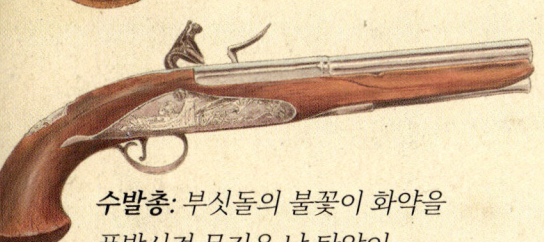

수발총: 부싯돌의 불꽃이 화약을 폭발시켜 무거운 납 탄알이 발사되는 단거리 총이었어요.

사슬탄: 사슬로 연결된 빈 대포알. 이것으로 적의 배에 있는 쇠사슬이나 줄을 잘랐어요.

해적 깃발

'해적' 하면 우리는 해골과 뼈 십자가가 그려진 깃발을 떠올려요. 이 깃발을 처음 사용한 해적이 바로 헨리 에이버리예요. 깃발의 이름은 '졸리 로저'로, 해적의 무자비함을 나타내는 표시였어요.

해적 선장들은 졸리 로저를 변형해 다양한 깃발을 만들어 달았어요.

크리스토퍼 무디

검은 수염

잭 래컴

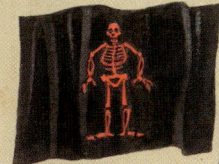
에드워드 로

바솔로뮤 로버츠

토머스 튜

최고의 보물선을 납치하다!

간즈이사와이호에는 해적이 납치한 배 중 가장 많은 보물이 실려 있었어요. 값비싼 총으로 무장한 이 배는 값을 매길 수 없는 진주와 보석, 금은보화를 50만 개나 싣고 있었어요. 거기엔 루비가 박힌 말안장도 있었대요.

'피의 선장'이라 불린 헨리 모건 경

'에스파냐 대해안'이라고 불리던 남아메리카 대륙의 에스파냐 식민지는 무척 위험한 곳이었어요. 하지만 젊은 헨리 모건은 에스파냐에 맞서 싸워 명성과 부를 얻고 싶었어요. 그는 에스파냐 식민지를 공격하라는 영국의 비밀 명령을 받고 잔인한 버커니어*들을 이끌고 그곳으로 떠났어요.

그러다 1671년 에스파냐의 식민지 파나마를 공격한 죄로 영국으로 추방되었어요. 하지만 그의 지식과 기술이 필요했던 영국은 모건을 풀어 주고 자메이카 총독으로 보내 그곳에서 평생 살게 했어요.

헨리 모건 경의 정보

- 별명: 피의 선장(캡틴 블러드)
- 일생: 1635년~1688년
- 출생지: 영국 웨일스
- 신분: 해적 선장
- 활동지: 카리브해
- 사망: 병으로 죽음.

에스파냐 식민지를 공격할 때 모건은 사제나 수녀, 심지어 아이들까지 인질로 삼아 인간 방패로 사용했어요.

뭘 봐? 우리가 맘에 안 들어?

* '버커니어'는 도망친 노예나 굶주린 사람들, 범죄자, 해적 혹은 추방당한 사람들이었어요. 그들은 히스파니올라섬 (지금의 아이티와 도미니카)의 거친 땅에서 동물 가죽으로 옷을 만들어 입고 살았어요.

해적의 형벌

- 철로 만든 족쇄를 발목에 채워 갑판에 매달았어요.
- 매듭이 있거나 낚싯바늘이 달린 아홉 가닥의 채찍으로 때렸어요. 이 형벌을 받다가 목숨을 잃기도 했어요.
- 밧줄로 묶어 바다에 던졌어요. 이 형벌을 받고 수많은 해적이 익사했어요.
- 배 밖으로 던져 용골 아래에서 끌고 다녔어요. 용골은 따개비로 덮여 있어서 피부가 벗겨졌고, 심하면 목숨을 잃었어요.

배에서 바다 쪽으로 나온 기다란 널빤지 위를 걸어가 스스로 바다에 빠지는 형벌도 있었어요. 그런데 이 형벌은 훗날 작가들이 만들어 냈다는 말이 있어요. 진짜 해적은 그런 벌을 내리지 않았거든요.

아홉 가닥의 채찍

훈제업자가 해적이라고?

히스파니올라섬에 살던 해적들은 바다에 나가지 않을 때는 돼지나 소를 잡아 지나가는 배에 고기와 기름과 가죽을 팔았어요. 원주민 아라와크족들은 그들에게 훈제실에 고기 보존하는 법을 알려 주었어요. 그 뒤에 해적들을 훈제업자라는 뜻의 프랑스어 '부캐니에'라고 불렀어요. 이 단어의 영어식 발음인 버커니어는 훗날 '카리브해 해적'을 가리키는 말이 되었어요.

불타는 배

1669년 모건이 이끄는 버커니어들은 베네수엘라의 마라카이보를 공격했어요. 그들은 화약을 가득 채운 배를 에스파냐 함대에 가까이 가져다 댔어요. 그리고 도화선에 불을 붙였지요.

105

46 세계 일주를 한 최초의 선장, 프랜시스 드레이크 경

세계적인 탐험가 프랜시스 드레이크 경은 영국의 국가적 영웅이 되었어요. 선상 가옥에서 자란 그는 노예 상인이었던 삼촌으로부터 항해술을 배웠어요. 오만한 귀족들은 그를 무시했지만, 1588년 드레이크는 에스파냐의 무적함대를 무찔렀어요. 국가의 공인된 해적 활동으로 엄청난 재산을 모으기도 했어요.

프랜시스 드레이크 경의 정보

- 별명: 용
- 일생: 1546년~1596년
- 출생지: 영국 데본
- 신분: 탐험가, 노예 상인, 사나포선 (국가의 공인된 해적선) 선장
- 활동지: 태평양과 남아메리카 대륙의 에스파냐 식민지
- 사망: 카리브해에서 이질에 걸려 죽음.

드레이크는 항해 중에 부사령관과 말다툼이 벌어지자 그를 교수형에 처했어요. 그런데 전날 밤에는 부사령관에게 만찬을 베풀었어요. 곧 처형하겠다고 발표까지 해 놓고 말이지요.

남아메리카에서 건너온 금 장신구

그야말로 보물선!

해마다 에스파냐의 배들은 남아메리카의 금은을 싣고 파나마에서 에스파냐로 건너갔어요. 1579년 드레이크 경은 에콰도르로 떠난 에스파냐의 카카푸에고호를 납치했어요. 그 배에 실린 보물을 내리는 데만 나흘이 걸렸대요.

바다 위의 하이에나들

카리브해 주변 지도
서인도제도
쿠바
히스파니올라
중앙아메리카

해적 선장의 임무

모든 해적 선장이 그렇듯이 드레이크의 임무는 항해하는 동안 배를 이끄는 일이었어요. 그는 육지가 보이지 않는 바다 한가운데서 배의 위치를 알아내기 위해 시간의 흐름, 배의 속도, 방위, 태양의 고도를 측정했어요. 그리고 그 내용을 항해 일지와 트래버스반(옛날의 항해 거리 계산용 원반)에 기록했어요.

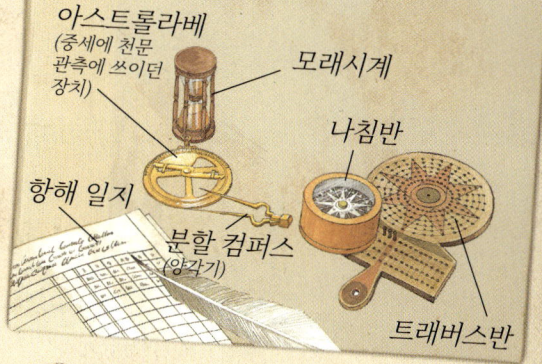

아스트롤라베 (중세에 천문 관측에 쓰이던 장치)
모래시계
나침반
항해 일지
분할 컴퍼스 (양각기)
트래버스반

남아메리카 대륙의 에스파냐 식민지 주변의 카리브해는 유럽에서 온 해적들과 국가에서 공인된 해적선으로 득실거렸어요. 그들은 에스파냐의 보물선이 나타나기를 기다리며 바다 위를 어슬렁거렸지요.

영국 여왕 엘리자베스 1세는 드레이크의 해적 활동을 은밀히 지지했어요. 1570년경에는 에스파냐의 보물선을 공격할 수 있는 허가증을 내주었어요. 1581년 드레이크는 세계 일주를 끝내고 영국으로 돌아왔어요. 약탈한 보물로 영국 정부의 빚을 갚았고 화려한 저택도 샀어요. 여왕은 보답으로 기사 작위를 내렸어요.

기사로 임명하노라!

47 '붉은 수염'이라 불린 바르바로사 형제

북아프리카의 바르바리 해안은 풍요롭고 우아한 이슬람 문명의 중심지였어요. 하지만 유럽인들에게는 해적이 들끓는 곳일 뿐이었어요. 우르지와 하이르앗딘 바르바로사 형제는 바르바리 해안의 해적들 중에서 가장 유명했어요. 그들은 에스파냐와 싸워 승리했고, 수천 명의 이슬람 난민이 탈출하도록 도와주었어요. 동생 하이르앗딘은 오스만 제국의 해군 제독이기도 했어요.

바르바로사 형제의 정보

- 이름: 우르지 바르바로사(형)
- 별명: 붉은 수염
- 일생: 1473년~1516년
- 출생지: 그리스
- 신분: 해적
- 활동지: 지중해
- 사망: 에스파냐인에게 처형당함.

- 이름: 하이르앗딘 바르바로사(동생)
- 별명: 붉은 수염(형을 따라 수염을 붉게 염색함.)
- 일생: 1475년~1546년
- 출생지: 그리스
- 신분: 해적, 오스만 제국 제독
- 활동지: 지중해
- 사망: 나이가 들어 사망

하이르앗딘 바르바로사는 1544년 한 해 동안 9,000여 명의 기독교인을 잡아 노예로 팔았어요.

바르바리 해적들은 노예들이 노 젓는 갤리선을 몰고 다녔어요. 갤리선의 노예들은 범죄자나 해적의 포로였어요. 그들은 쇠사슬에 묶인 채 채찍을 맞아 가며 노를 저었어요.

바르바리 해적들과의 전투는 몰타에서 온 공인된 해적선들이 이끌었어요. 기독교 기사들의 지휘 아래 이슬람에 맞서 싸웠지만, 이슬람 선박의 화물을 약탈하는 데도 열심이었어요.

바르바리 해적을 피하는 법

- 성지 예루살렘으로 여행을 간다면 되도록 육로로 가세요.
- 무거운 화물을 운반하기 위해 지중해를 건너야 한다면 군인과 군함의 보호를 받으세요.
- 바르바리 해적의 본거지인 남부 해안과 멀리 떨어진 북쪽으로 항해하세요. 본거지에서 가까운 곳을 침략할 가능성이 크거든요.

귀족에서 노예까지

프랜시스 버니 경(1584년~1615년)은 영국 귀족 출신의 군인으로, 이슬람교도가 되어 북아프리카 알제리의 수도 알제에 살았어요. 그는 6년 동안 바르바리 해적으로 활동하며 큰 재산을 모았어요. 하지만 기독교도에게 잡혀서 노예로 팔린 뒤에 곧 죽고 말았어요.

해상 전투

갤리선은 사람들이 노를 젓고 삼각형 돛도 달려 있어 속도가 빠르고 방향을 바꾸기 좋았어요. 느린 화물선을 공격하기에 딱 좋았지요.

바르바리 해적선은 오스만 제국의 정예병인 예니체리가 타고 다녔어요. 그들은 적군의 배에 뛰어들어 상대를 제압했어요.

갤리선은 빠르게 이동해 적군의 배에 구멍을 내서 가라앉게 했어요. 적군의 선원들은 어쩔 수 없이 항복하거나 바다로 뛰어들었지요.

48 남편의 해적단을 이어받은 정이 사오

젊고 아름다운 여인 시샹구는 해적 선장인 정이와 결혼했어요. 정이는 당시 중국에서 가장 큰 해적단을 이끌었어요. 정크선 800척과 작은 배 1,000척, 선원 7만 5,000명으로 구성된 역사상 가장 큰 해적단이었지요. 정이가 태풍으로 목숨을 잃자, 시샹구가 남편의 이름과 해적단을 이어받았어요. 그녀는 '죽은 정이의 아내'라는 뜻의 '정이 사오'라고 불렸어요. 정이 사오의 배는 남중국해를 누비며 약탈과 파괴를 일삼고 세금을 요구했어요. 중국 정부는 포르투갈과 영국의 배를 고용해 맞섰지만 패배했고, 결국 1810년 죄를 면제해 주었어요. 그 뒤 정이 사오는 죽은 남편의 양자와 결혼해 해적 일을 그만두었어요.

정이 사오의 정보

- 이름: 시샹구
- 일생: 1775년~1844년
- 출생지: 중국 남부
- 신분: 해적
- 활동지: 중국 바다
- 사망: 나이 들어 죽음.

정이 사오는 부하가 자신의 허락 없이 배를 떠나면 귀를 자르는 형벌을 내렸어요.

남자보다 잔혹한 여자 해적

죽기 싫으면 시키는 대로 해!

정이 사오는 복종하지 않는 부하에게는 잔인한 벌을 내렸어요.

중국 해적들은 적의 배에 올라 싸울 때 길고 무거운 칼을 사용했어요. 검은 무척 날카로워서 금속도 벨 수 있었어요. 그들이 개조해서 몰았던 범선은 속도가 빨랐고, 파도가 높아도 안전하게 항해할 수 있었어요. 대포와 화약을 저장할 수 있는 큰 짐칸도 있어서 전투에 딱 알맞았지요.

영국 함대의 위력

영국 정부는 큰 이익을 가져다주는 아편 무역을 보호하려고 영국 해군의 함대를 보내 중국 해적들을 공격했어요. 1849년 영국 함대들은 하이퐁강 어귀(지금의 베트남)에서 중국 해적선들을 폭파했어요.

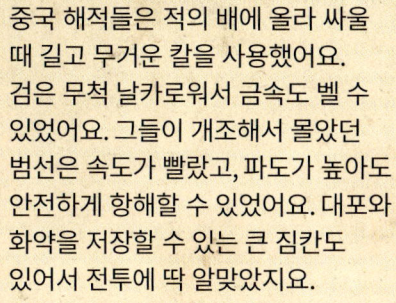

중국의 범선

해적에서 도박 사업자로!

정이 사오는 해적 일을 그만둔 뒤에 도박 사업을 했어요. 광저우에서 대규모 도박장을 운영하면서 죽을 때까지 큰 부자로 살았대요.

후크 선장의 모델, 바솔로뮤 로버츠

"짧은 인생, 즐겁게!" 바솔로뮤 로버츠는 가장 성공한 해적이었어요. 단 2년 만에 배 400척을 납치해 쾌락과 자유, 권력을 누렸지요. 처음에 바솔로뮤는 해적이 될 생각이 없었어요. 그는 노예 무역선의 삼등 항해사였는데, 선원들의 반란으로 선장이 되었어요. 오늘날에는 해적이 지켜야 할 규칙을 만든 사람으로 알려져 있어요.

바솔로뮤 로버츠의 정보
- 별명: 검은 준남작(남작과 기사 사이의 계급)
- 출생지: 영국 웨일스
- 일생: 1682년~1722년
- 신분: 해적, 노예상
- 활동지: 브라질, 캐나다 뉴펀들랜드, 카리브해, 서아프리카
- 사망: 전투 중 사망

바솔로뮤 로버츠에 대한 두려움 때문에 1720년부터 한 해 동안 카리브해를 항해하는 배가 거의 없었다고 해요.

패셔니스트 해적도 엄청 힘들어!

멋쟁이 해적

바솔로뮤 로버츠는 전투를 벌이기 전에 가장 좋은 옷을 입었어요. 벨벳 정장과 레이스 달린 셔츠를 입었지요. 부하들의 사기를 올려 주는 한편, 멋진 모습으로 죽음을 맞이하고 싶어서 멋을 부렸다고 해요.

로버츠 선장이 만든 해적의 규칙

1. 먹을 것과 마실 것은 공평하게 나눈다. 중요한 결정을 할 때는 평등하게 투표한다.
2. 약탈한 것은 모두 공평하게 나눈다.
3. 부정행위를 한 자는 무인도에 버리고, 배에서 도둑질한 자는 코와 귀를 벤다.
4. 배에서는 도박, 주사위 놀이, 카드놀이를 금한다.
5. 가급적 일찍 잠자리에 들고, 갑판 아래에서는 절대로 초를 켜서는 안 된다.
6. 아내나 여자 친구를 데리고 항해하지 않는다.
7. 배에서 도망치다 잡히면 죽임을 당하거나 무인도에 버려진다.
8. 항해 중인 선원들끼리는 싸움이나 결투를 하지 않는다.
9. 부상당한 해적에게는 연금을 준다.
10. 배의 악사는 일요일엔 쉰다.

대포 쏘는 법

1. 대포에 화약을 채운다.
2. 화약이 움직이지 않도록 솜으로 막는다.
3. 포탄을 넣는다.
4. 솜뭉치로 포탄이 움직이지 않게 고정시킨다.
5. 화약에 불을 붙인다. 폭발하면서 적을 향해 대포알이 날아간다.

대포

바다에 던져진 시신

1722년 영국 군함 제비호가 서아프리카의 가봉 로페즈만에서 바솔로뮤 로버츠의 배를 공격했어요. 피곤한 데다 밤새도록 술을 마셨던 해적들은 아무런 방어도 하지 못했어요. 로버츠는 해군이 발사한 포탄을 맞고 사망했고, 부하들은 그의 시신을 빼앗기지 않으려고 바다에 던졌어요.

'검은 수염'으로 불린 에드워드 티치

에드워드 티치는 해적질을 하며 '검은 수염'이란 별명을 얻었어요. 적들에게 검은 수염은 '지옥에서 온 악마'로 통했어요. 40개의 대포를 장착한 배까지 가지고 있어서 적들은 이래저래 항복할 수밖에 없었어요.
검은 수염은 경쟁자의 배를 납치하고 미국 찰스턴 항구를 장악했어요. 그 뒤에 영국 함정이 그를 궁지에 몰아넣었어요. 결국 다섯 발의 총을 맞고 스무 번이나 칼에 베인 끝에 목숨을 잃었지요.

에드워드 티치의 정보

- 별명: 검은 수염
- 출생지: 영국 브리스톨
- 일생: 1680년~1718년
- 신분: 해적
- 활동지: 카리브해
- 사망: 전투에서 부상을 입고 죽음.

머리가 없는 검은 수염의 시체는 자기 배 주위를 일곱 번이나 뱅뱅 돌고 나서 사라졌다고 해요.

검은 수염은 전투 전에 모자 아래에 불붙인 도화선을 달았어요. 연기에 휩싸인 그의 모습은 마치 지옥에서 온 악마 같았지요. 게다가 총알을 가득 채운 권총도 여섯 자루나 가지고 다녔어요.

아내가 14명이라고?

잘생긴 외모와 세계적인 유명세 때문인지 여성들에게 인기가 많았어요. 소문에 따르면 검은 수염에게는 적어도 14명의 아내가 있었다고 해요. 어쩌면 더 유명해지려고 스스로 지어낸 이야기인지도 몰라요.

보물을 지키는 시체

검은 수염이 미국의 찰스턴 항구 근처 혹은 무인도에 보물을 숨겼다는 소문이 있었어요. 선원들에 따르면 검은 수염은 보물 사냥꾼들이 놀라 달아나도록 보물 상자에 시체를 덮어 놓았다고 해요.

최후의 형벌

검은 수염은 보물을 혼자서 차지하려고 부하들을 무인도에 버렸어요. 부하들을 떠날 때는 하루치의 물과 약으로 쓸 브랜디, 그리고 견딜 수 없을 때 목숨을 끊으라며 총을 주었어요. 버려진 해적은 음식과 물을 찾지 못하면 죽을 수밖에 없었지요. 이처럼 무인도에 버리는 방법은 해적 선장이 반란자를 벌하거나 원치 않는 포로를 처리할 때 사용했어요.

지옥 같은 시험

검은 수염은 해적이 되려는 사람을 연기와 수증기가 가득한 배의 짐칸에 가두었어요. 그 시험을 통과한 자들만 해적으로 뽑았지요.

51 전설의 마피아, 알 카포네

알 카포네는 싸움 중에 얼굴에 생긴 흉터 때문에 '스카페이스'라고 불렸어요. 그는 1920년대에서 1930년대 사이에 미국인들이 가장 두려워하는 악당이었어요. 알 카포네의 갱단 '카포네'는 술을 몰래 사고팔면서 돈을 벌었어요. 당시 미국은 금주령 때문에 술 밀거래가 금지된 상태여서 부르는 게 값이었거든요. 그들은 시카고에 있는 다른 갱단과 싸우기도 했어요. 알 카포네는 상대편 갱단을 죽이라고 명령하기도 하고, 때로는 직접 나서서 없애기도 했어요.

알 카포네의 정보

- 별명: 스카페이스
- 일생: 1899년~1947년
- 죄목: 살인, 밀수, 탈세
- 희생자: 경쟁하던 갱단 수십 곳

카포네 조직에게 희생된 한 사람은 숨이 멎는 데 3시간이 걸렸어요. 그는 총을 14번이나 맞았는데도 누가 총을 쏘았냐고 묻자 아무도 쏘지 않았다고 답했대요.

알 카포네는 조직원 하나가 배신하자 야구 방망이로 흠씬 두들겨 팬 다음 총으로 쏘아 죽였어요.

지금 나 쳐다보는 거야? 왜? 할 말 있어?

밸런타인데이의 대학살

1929년 알 카포네는 라이벌인 벅스 모런 갱단을 공격하려고 작전을 짰어요. 밸런타인데이인 2월 14일, 벅스 모런 갱단의 조직원 5명이 금지된 술을 사려고 창고에 나타났어요. 경찰로 변장한 알 카포네의 부하들은 그들을 벽에 세워 놓고 총으로 쏘아 죽였어요.

갱단의 별명

갱단 조직원들의 별명은 각양각색이었어요. 신사, 기관총, 미친 개, 얼빠진 놈…. 한 조직원은 목이 잘린 채 하수구에 버려질 뻔했는데 구사일생으로 살아남아 '행운아'라는 별명을 갖게 되었어요.

체포된 전설

1929년 미국 FBI 요원 엘리엇 네스가 알 카포네를 수사하기 시작했어요. 2년 뒤, 알 카포네는 탈세로 11년형을 선고받았어요. 살인이 아니라 탈세로 말이에요.

알 카포네는 미국 샌프란시스코만에 있는 악명 높은 앨커트래즈 감옥에 갇혔어요.

감옥에서 탈출해! 내가 기다리고 있어.

갱단의 무기 소지법

갱단의 조직원들은 바이올린 케이스에 무기를 담아서 다닌다는 이야기가 있었어요. 알 카포네는 엽총을 골프 가방에 넣고 다녔어요. 접은 신문지 사이에 총을 끼우고 다닌 조직원도 있었어요.

117

 '길 위의 신사'라 불린 딕 터핀

명마 블랙 베스를 타고 대로를 질주하며 부자들의 돈과 아름다운 여자들의 마음을 훔쳤다는 의적 딕 터핀.
하지만 전설과 달리 그는 여자들이 돈이나 귀중품을 내놓을 때까지 끈질기게 괴롭히고 고문한 나쁜 도둑이었어요.

딕 터핀의 정보

- 별명: 길 위의 신사, 의적
- 일생: 1705년~1739년
- 죄목: 강도, 도둑질, 말이나 양 훔치기
- 희생자: 수없이 많음.

어느 부유한 여인에게 돈이 어디 있는지를 물었어요. 대답을 하지 않자, 터핀은 그녀가 입을 열 때까지 모닥불 위에 매달아 놓았어요.

딕 터핀이 말을 타고 영국의 런던에서 요크까지 24시간 만에 갔다는 이야기가 있는데 사실이 아니에요. 17세기에 '날쌘돌이 닉'이란 별명을 가진 존 네비슨의 이야기를 가져다 쓴 거래요.

나보다 빠른 사람 봤어?

헉, 헉! 그만 좀 쉬자!

양 도둑이 갱단 되다!

청년 시절 터핀은 고기를 팔기 위해 양과 소를 훔치기 시작했어요. 그것을 들키자 시골로 도망쳐 갱단을 조직하고 농장을 습격했어요. 유명한 강도였던 톰 킹과도 일하게 되었지요. 둘은 에핑 숲의 동굴에 숨어 있다가 행인을 상대로 강도짓을 벌였어요.

마지막은 신사의 모습으로!

어느 밤, 한 보안관이 터핀과 킹을 쫓아 런던의 술집에 들어갔어요. 그들 사이에 싸움이 벌어졌는데, 터핀이 실수로 킹을 쏘고 말았어요. 터핀은 혼자 요크로 도망쳤고 말을 훔치다가 붙잡혔어요. 교수대로 끌려갈 때 터핀은 매우 신사적이었어요. 군중들에게 고개 숙여 인사하고 사형 집행관과 이야기를 나누었다고 해요.

마차를 털어라!

역마차를 습격하던 도둑을 노상강도라고 했어요. 어떤 낭만적인 강도는 1668년 런던 교외에서 강도질을 하다가 한 여인과 춤을 추었어요. 한 여자 강도는 그저 재미 삼아 마차털이를 했는데, 1660년 피해자가 쏜 총에 맞아 숨졌어요.

찰카닥!

당시 총들에 비하면 수발총은 방아쇠를 당기자마자 총알이 빠르게 발사되었어요. 이 총만 있으면 노상강도 한 사람이 마차 한 대를 터는 건 일도 아니었지요.

53 황야의 무법자, 빌리 더 키드

빌리 더 키드는 10대 시절부터 미국 서부를 누비며 여러 사람을 죽인 범죄자로, 지명 수배 1순위였어요. 1880년 미국 스팅킹 스프링스에서 체포된 빌리는 기자에게 말했어요.

"사람들은 나를 악당이라고 생각하지. 만약 내가 풀려난다면 진짜 악당이 뭔지 보여 주겠어."

하지만 그는 풀려나지 못했어요. 대신에 자신을 체포한 보안관 팻 개릿이 쓴 책 덕분에 전설적인 인물이 되었어요.

빌리 더 키드의 정보

- 이름: 헨리 맥카티
- 일생: 1859년~1881년
- 죄목: 소 도둑질, 살인, 도박
- 희생자: 4~9명 사망

탈옥을 시도한 빌리는 갑자기 소총을 잡고 누워 경찰이 올 때까지 기다렸어요. 보안관 로버트 올린저가 쫓아오자, "어이, 경찰 나리!" 하고 불러 세우더니 총으로 쐈대요.

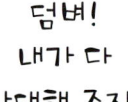

덤벼! 내가 다 상대해 주지!

악당을 잡아라!

넓디넓은 미국 서부에서 악당을 잡는 일은 쉽지 않았어요. 정부는 경찰이 아니어도 누구나 범죄자들을 산 채로, 혹은 죽여서라도 잡을 수 있도록 했어요. 악당들은 대부분 도둑이나 살인자였어요. 하지만 부치 캐시디 같은 자들은 영화나 책에서 영웅으로 묘사되었지요.

보안관의 승리

빌리는 고작 12살에 술집에서 싸우다가 살인을 저질렀어요. 그 뒤 자신이 일하던 목장의 주인이 갱단에게 살해당하자, 피비린내 나는 살인과 강도질을 계속 저질렀어요.

보안관 팻 개릿은 탈옥한 빌리를 미국 뉴멕시코주까지 추격했어요. 개릿은 잠복해 있다가 빌리를 총으로 쏘아 죽였지요. 그때 빌리의 나이는 21세였어요.

나쁜 녀석들

미국 서부의 악당들은 별명이 하나씩 있었어요. '코주부', '블랙 잭', '키드 커리' 같은 것이었지요. 빌리 더 키드는 별명이 '선도부'인 갱단 소속이었고, 부치 캐시디와 선댄스 키드는 '거친 녀석들' 소속이었어요.

54 방탄복을 만든 악당, 네드 켈리

네드 켈리는 오스트레일리아에서 가장 유명한 악당이었어요. 그는 수많은 경찰관을 총으로 쏜 은행 강도였는데, 그게 정당방위였다고 말하는 사람들도 있어요. 켈리의 갱단은 방탄복을 만든 것으로도 유명해요. 방탄복을 입은 갱단을 보고 경찰들이 혼비백산했다는 이야기가 있어요. 하지만 방탄복이 총알은 막았을지언정 교수형을 막지는 못했어요. 그는 "인생은 다 그런 거야!"라는 마지막 말을 남겼다고 해요.

> 쏠 테면 쏴 봐.
> 나 방탄복 입었거든.

네드 켈리의 정보

- 이름: 에드워드 켈리
- 일생: 1855년~1880년
- 죄목: 소 도둑질, 살인, 강도
- 희생자: 3명 사망

켈리의 갱단은 인질을 잡으면 자신들의 요구가 받아들여져야 풀어 줬어요. 그들은 인질들에게 말을 태우거나 마술을 보여 주었어요. 마지막 싸움에서는 인질 세 사람이 총에 맞아 죽었는데, 13살 아이도 있었대요.

부시레인저

오스트레일리아에서 가장 악명 높은 악당은 부시레인저였어요. 그들은 죄를 짓고 야생 덤불로 도망쳐 숨었어요. 또 "베일 업!"이라고 외치면서 농부나 여행자의 돈을 빼앗았어요. 소를 멈추게 할 때 쓰는 말이었는데, 베일은 소의 목에 거는 틀을 가리켜요.

영웅일까, 악당일까?

'발라드'라고 불리는 19세기 노래에서 부시레인저는 용감한 영웅으로 표현되었어요. 네드 켈리와 프레데릭 워드, 그리고 또 다른 부시레인저 캡틴 선더볼트는 부자들의 돈을 훔쳐 가난한 사람들을 도운 로빈 후드처럼 묘사되었지요. 캡틴 선더볼트의 말은 빠르기로 유명했는데, 특히 총격전을 피해 도망가는 데 선수였어요.

도망치면서 은행 털기

젊은 시절, 네드 켈리는 경찰관에게 상처를 입힌 일로 쫓기게 되었어요. 이때 자신의 동생과 두 친구와 함께 숲으로 달아났지요. 경찰들이 바짝 추격해 오자, 네드는 경찰관 셋을 쏘아 죽였어요. 지명 수배된 뒤에도 그들은 두 번이나 은행을 털었답니다.

1880년 6월 28일 경찰이 켈리 일당을 잡았어요. 경찰은 그들이 숨어든 여관에 무려 1만 5,000발의 총알을 퍼부었어요. 방탄 갑옷 때문에 총알이 튀기도 했지만, 결국 그는 다리에 총을 맞고 체포되었어요. 켈리는 살인죄로 교수형을 당했답니다.

전설적인 무법자, 제시 제임스

제시 제임스는 미국 서부에서 가장 악명 높은 범죄자 중 하나였어요. 그는 1867년 처음으로 은행을 털었고, 6년 뒤에는 갱단과 함께 열차를 털었어요. 하루에 열차를 두 대나 털기도 했어요. 당시 가난한 농부들은 기차와 은행을 좋지 않게 생각했기 때문에 제시 제임스를 영웅으로 생각했어요.

제시 제임스의 정보

- 일생: 1847년~1882년
- 죄목: 말 도둑질, 열차와 은행 강도, 도둑질, 살인
- 희생자: 14명 사망

제시 제임스가 미국 미주리주에서 열린 어느 축제의 매표소를 턴 적이 있어요. 그때 5살 여자아이가 제시의 말에 밟혀 죽고 말았어요.

> 은행을 털어요! 왜 열차를….

공중으로 사라진 3만 달러

강도들은 열차가 속도를 줄이는 곳을 골라 범행을 저질렀어요. 말을 타고 달리다가 열차에 뛰어들어 귀중품이 실린 화물칸의 고리를 풀었지요. 금고를 폭파하기 위해 너무 많은 양의 다이너마이트를 사용해서 3만 달러를 공중에 날려 버린 갱단도 있었어요.

동생과 함께 은행털이

1869년 제시 제임스는 미국 미주리주 갤러틴에서 은행을 털다가 은행원을 죽이고 말았어요. 그는 동생 프랭크와 같은 말을 타고 달아났지요. 이 일로 악명 높은 범법자가 되었답니다.

끝없는 범죄

제시 제임스는 1876년 미국 미네소타주 노스필드에서 은행을 털었어요. 제시와 은행원이 실랑이를 벌이던 중 부하 다섯이 사람들과 총격전을 벌이다가 총상을 입었어요. 그 뒤 새 갱단을 조직한 제시는 1881년에 열차를 네 번이나 더 털었어요.

얼마 뒤 제시 제임스의 갱단은 뿔뿔이 흩어지고 찰리와 로버트 포드만 그의 곁에 남았어요. 하지만 그것도 착각이었어요. 제임스가 벽에 그림을 걸고 있을 때, 로버트가 뒤에서 총을 쏘고 현상금을 탔거든요.

56 여행자를 잡아먹은 식인 강도, 소니 빈

소니 빈은 스코틀랜드의 악당으로, 바닷가 동굴에서 대가족과 살았어요. 무려 25년간이나 여행자들의 주머니를 털어 생활했고, 여행자들을 잡아먹기도 했어요. 빈 일당은 여행자 2명 이하를 떼 지어 공격했기 때문에 희생자들은 도망칠 수 없었어요.

소니 빈의 정보

- 별명: 식인 강도
- 일생: 16세기
- 죄목: 강도, 살인
- 희생자: 여행객들

소니 빈은 아내와 8명의 아들, 6명의 딸, 18명의 손자, 16명의 손녀를 둔 가장이었어요. 이들은 '저주받은 부족'이라고 불렸어요.

방금 먹은 부위는 영 질기네.

다른 부위를 떼어 줄까?

소름 끼치는 만찬

사람을 잡아먹은 사람들은 소니 빈의 가족들만이 아니었어요. 1846년에서 1847년 겨울까지 미국 서부에 사는 개척민이었던 도너 일행은 캘리포니아의 시에라네바다산맥에서 눈 때문에 고립되었어요. 그들은 배고픔을 못 참고 서로를 잡아먹었어요.

빈 가족은 여행자들을 죽인 뒤 동굴로 가져와 토막을 냈어요. 다 먹고 남은 시체는 종종 바다에 버렸어요. 밀물에 밀려온 팔다리를 본 사람들은 누구의 소행인지 궁금해했지요.

꼬리가 길면 밟힌다!

어느 밤, 축제에 가던 사람들이 빈 가족을 발견했어요. 당시 스코틀랜드의 왕 제임스 6세는 군사 400여 명과 탐지견을 보내 빈 가족이 숨어 있던 동굴을 수색했어요. 그곳에서 사람 뼈 수십 개와 소지품들이 발견되었어요. 결국 빈 가족은 체포되어 처형당했어요.

밀물이 들어오면 빈 가족이 살던 동굴에까지 물이 찼어요. 그래서 동굴에 사람이 살 거라고는 아무도 생각하지 못했어요.

'피의 백작 부인'이라 불린 에르제베트 바토리

헝가리의 백작 부인인 에르제베트 바토리는 역사를 통틀어 가장 잔인한 여성으로 꼽혀요. 그녀는 적어도 수십 명에서 수백 명에 이르는 사람들을 살해했어요. 바토리가 희생자의 피를 먹고, 피로 목욕까지 즐기는 뱀파이어라는 소문이 돌았어요. 하지만 살인을 저지르고도 무사히 살아남을 만큼 권력과 재산이 있는 사악한 악당이었지요.

에르제베트 바토리의 정보
- 별명: 피의 백작 부인
- 일생: 1560년~1614년
- 죄목: 살인, 고문
- 희생자: 확실치 않으나 650명 정도

바토리가 사람 죽이는 법을 남편에게 배웠다는 소문도 있었어요. 그중에는 피해자의 몸에 꿀을 발라 곤충들에게 물려 죽게 하는 방법도 있었어요.

128

소녀들을 납치하다!

바토리는 가난한 집안의 10대 소녀들을 희생양으로 삼았어요. 하녀로 일하면 높은 임금을 주겠다며 꾀었지요. 하녀 4명이 시중을 들었는데 모두 시골에서 납치해 온 소녀들이었어요.

돈을 아주 많이 벌 수 있단다.

말뚝 살인마

쩝쩝!

바토리보다 100년 앞서 살았던 블라드 3세(1431년~1476년)는 포로 3만여 명의 몸에 날카로운 말뚝을 박아 죽였어요. 그래서 별명이 '말뚝 살인마'였어요. 훗날 작가 브램 스토커가 그의 이야기를 흡혈귀 소설 『드라큘라』에 썼어요.

피 없는 시체

바토리의 성 주변에서 소녀들이 계속 사라지자, 어느 날 지역 관리가 성을 급습했어요. 그리고 성안의 모든 사람을 체포했어요. 그때 죽어 있는 한 소녀가 발견되었지요. 소녀의 몸에는 피가 한 방울도 남아 있지 않았어요. 지하 감옥에도 수많은 소녀가 갇혀 있었어요. 하지만 돈 많은 백작 부인을 체포하지 못했어요. 그녀는 고작 자신의 방에 갇히는 벌을 받고 4년 뒤에 세상을 떠났답니다.

난 얘를 털끝 하나 건드리지 않았어요.

58 형제도 남편도 죽이는 보르자 가문

보르자 가문은 1400년대 중반에 로마로 이주한 에스파냐의 가문이에요. 그들은 권력욕에 사로잡혀 살인과 폭력을 저지르기로 악명이 높았어요. 그들이 가장 좋아하는 방법은 부유한 경쟁자들을 저녁 식사에 초대해 독살하고 재산을 강탈하는 것이었어요. 물론 보르자 가문 못지않은 악랄한 지배자도 있었어요. 영국에서는 헨리 8세가 두 아내를 처형했고, 프랑스 왕 루이 11세는 셀 수 없이 많은 음모를 꾸며 '거미 왕'으로 알려졌지요.

보르자 가문의 정보

- 별명: 체사레 보르자(아들) — 발렌티노, 로드리고 보르자(아버지) — 페티코트를 입은 추기경
- 통치 기간: 1492년~1507년
- 죄목: 살인, 뇌물 공여, 강도
- 희생자: 적어도 12명 살해

보르자 가문은 독약 제조법을 알고 있었어요. 특히 비소와 인을 섞은 '칸타렐라'는 아주 치명적이었어요.

킬킬
체사레 (아들)
루크레치아 (딸)
껄껄
와인을 더 가져오너라! 술이 모자라는구나!
로드리고 (아버지)

돈으로 교황이 되다!

로드리고 보르자는 사람들을 돈으로 매수해서 1492년 교황 알렉산데르 6세로 뽑혔어요. 로드리고와 자식들은 권력을 더 키우려고 부유한 귀족들이나 교회 지도자들을 모함해 감옥에 보내거나 살해했어요. 체사레 보르자가 죽였을 것으로 짐작되는 시체가 로마 테베레강에 둥둥 뜬 채 발견되기도 했어요.

독약의 시대

르네상스 시대에는 독살이 유행했어요. 독약 제조법 책이 나왔고, 프랑스 파리에는 독약 제조가들이 넘쳐났어요. 이탈리아 나폴리 출신인 토파나라는 여성은 남편을 없애고 싶은 부인들을 위해 아주 특별한 독약을 만들었어요.

권력 앞에선 형제도 없어!

보르자 가문에서 가장 잔인한 사람은 체사레였어요. 자기 일에 방해가 되는 사람은 형제라도 용서치 않았지요. 친형 조반니도 체사레의 손에 죽은 것으로 알려졌어요.

권력 앞에선 남편도 없어!

로드리고의 딸인 루크레치아는 독약으로 속을 채운 반지를 끼고 다녔어요. 그녀의 첫 남편은 장인이 죽이라는 명령을 내린 걸 알고 도망쳤고, 두 번째 남편은 체사레의 부하들에게 목이 졸려 죽었어요.

목을 졸라 죽이는 서기단

역사를 들여다보면 악당이나 강도는 보통 여행자나 지나가는 마차를 습격해 돈과 보물을 빼앗았어요. 하지만 1800년대에 악명을 떨친 서기단은 힌두교의 여신 칼리에게 제물을 바치려고 수많은 사람들을 죽였어요. 그들의 무시무시한 행동 때문에 영어에 'thug(서그, '폭력배'라는 뜻)'라는 단어가 생겨날 정도였지요.

서기단의 정보

- 별명: 교살범, 올가미단
- 활동 기간: 16세기~19세기
- 죄목: 살인, 강도
- 희생자: 최대 200만 명 살해

서기단은 사람을 죽일 때 피가 나지 않도록 목을 졸라 죽였어요. 어찌나 빠르고 조용한지 다른 여행자들을 깨우지 않고 죽였어요. 제물로 쓴 시체는 땅에 묻거나 우물에 던져 버렸어요.

악당들의 세계

기원전 2세기경 중국의 귀족 리우 펭글리는 20~30명의 무법자들과 함께 시골을 누비며 여행자들을 죽였어요.
아라비아의 강도단은 사막 여행자들을 목표로 삼았어요. 그들은 여행자들 근처까지는 낙타를 탔다가 속력을 내야 할 때는 조랑말로 갈아탔어요.
1250년대 독일의 남작 출신 강도단은 라인강의 배를 공격해서 승객들을 납치했어요.

겨울잠 대신 겨울 강도

서기단은 봄부터 가을까지는 마을에서 조용히 지냈어요. 그래서 강도라고 의심받지 않았어요. 그러다가 겨울이 오면 강도로 돌변했어요.

서기단의 주요 전략은 상인들과 함께 움직이는 것이었어요. 상인들의 신뢰를 얻은 다음, 도망치기 어려운 강둑 같은 곳에 다다르면 밤에 기습해서 돈과 목숨을 빼앗았지요.

무서운 규칙

서기단은 비밀스런 신호를 주고받으며 행동을 개시했어요. 그들에게는 각자의 역할이 있었어요. 상인들의 시선을 다른 곳으로 돌리는 사람, 목을 조르는 사람, 도망치지 못하게 감시하는 사람…. 이런 서기단에도 여자, 장님, 목수를 죽이면 안 된다는 원칙이 있었어요. 그런데도 1년에 수천 명의 목숨을 빼앗았어요.

흐억!

잠깐! 저는 목수예요. 눈도 안 보인다고요!

60 시체 사냥꾼, 버크와 헤어

19세기 초, 아일랜드의 노동자인 버크와 헤어가 일자리를 찾아 스코틀랜드 에든버러로 건너갔어요. 그들은 로버트 녹스라는 의사가 제자들에게 인체의 신비로움을 보여 주고 싶어 한다는 걸 알고, 그 의사에게 시체를 팔아 돈을 벌기로 했어요. 그래서 무덤을 파헤쳐 시체를 훔치는 시체 사냥꾼이 되었지요. 더 나아가 주문을 받으면 살인도 서슴지 않았어요.

> 다행히 아직 부패하지 않았네요!

버크와 헤어의 정보

- 이름: 윌리엄 버크(1792년~1829년), 윌리엄 헤어(알려지지 않음.)
- 활동 기간: 1827년 11월~1828년 10월
- 죄목: 살인, 시체 도둑질
- 희생자: 17~30명 사망

버크와 헤어는 사람들에게 술을 먹여 취하게 해서 질식시켰어요. 이 방법으로 희생된 사람들의 몸에는 아무런 흔적이 남지 않았어요. 헤어는 어린 소년을 자기 무릎 위에 눕히고 척추를 부러뜨려 죽이기도 했어요.

시체 훔치기

1820년대 스코틀랜드의 에든버러는 의학을 공부하기 좋은 곳이었어요. 의사들이 학생들을 가르칠 때 범죄자의 시체를 해부할 수 있었거든요. 하지만 해부용 시체는 충분치 않았어요. 그래서 묘지에서 시체를 훔쳐 의사들에게 파는 악당들이 생겨났어요.

다른 시체 사냥꾼들과 달리 버크와 헤어는 가족이나 친구가 없는 사람을 희생자로 삼았어요. 나이 많은 노인, 가난하거나 집 없이 떠도는 사람, 어린 소년 등이 목표가 되었지요. 헤어의 아내와 버크의 여자 친구가 길거리에서 범행 대상자를 꾀어 여관으로 데려왔어요.

악행의 끝

버크와 헤어의 악행은 여관 주인에게 발각되었어요. 여관의 그레이 부부는 한밤중에 이상한 소리가 난다며 경찰에 신고했어요. 다음 날 아침, 침대 밑에서 시체가 나왔고, 버크와 헤어는 경찰에 체포되었어요. 버크는 재판을 받고 처형당했지만, 헤어는 경찰에 증거를 제공했다는 이유로 풀려났어요. 버크는 공개 처형된 다음 해부되었는데, 지금도 에든버러 대학에 전시되어 있답니다.

3장 섬뜩한 생명체들

끔찍한 벌레, 잔혹한 육식 동물,
신화 속에 등장하는 괴물까지!
까딱하면 잡아먹힐지 몰라.
바짝 긴장하고 따라와!

61 바다의 폭군, 백상아리

매끄러운 피부와 유선형의 몸을 가진 백상아리는 바닷속을 유유히 헤엄쳐 다녀요. 아메리카부터 뉴질랜드까지 온대성 바다 어디에나 살고 있는 백상아리는 1억 5,000만 년 전부터 살아온 고대의 생물이에요. 신기하게도 백상아리는 뼈가 없어요. 대신에 단단하고 질긴 연골이 있지요. 백상아리는 난폭한 육식 동물이지만 사람을 공격하는 경우는 거의 없어요.

백상아리의 정보

- 분류: 연골어류
- 먹이: 바다사자, 바다표범, 돌고래
- 몸길이: 3.4~6.8미터
- 무게: 3,000킬로그램
- 서식지: 온대성 바다
- 수명: 100년 이상
- 주무기: 날카로운 이빨

백상아리는 수심 250미터까지 잠수할 수 있어요. 사냥할 때는 먹잇감 아래로 조용히 헤엄쳐 들어가 숨었다가 수면을 향해 전진하면서 먹이를 잡아채요.

상어의 공격을 피하는 법

- 혼자 수영하지 마세요. 무리 지어 수영하는 사람들을 공격하는 일은 거의 없어요.
- 흥분하지 말고 침착하세요. 상어는 호기심이 많아서 시끄럽거나 첨벙대면 관심을 가져요.
- 낚싯배에서 멀리 떨어지세요. 낚시에 쓸 미끼 물고기의 피나 내장이 묻은 배에 상어가 꼬일 수 있어요.
- 몸에 상처가 났을 때는 물에서 나와야 해요. 상어가 피 냄새를 맡고 올 수 있어요.
- 바다에서 무언가에 쓸렸다면 상처가 나지 않았는지 살펴보세요. 체온이 낮아지면 감각이 무뎌지는데 상처 입은 줄 모르다가 상어의 공격을 받을 수 있어요.
- 상어를 보면 당황하지 말고 즉시 바다에서 나오세요. 안전하게 돌아온 다음에는 다른 사람들에게도 상어가 나타났다고 알려 주세요.
- 아무리 몸집이 작은 상어라도 무시하지 말고 조심하세요.

가끔 엉뚱한 게 입속으로!

쩌억!

상어는 전기장으로 먹잇감의 위치를 알아내요. 하지만 신호가 잘못되어 엉뚱한 것을 먹을 때도 있어요. 자동차 번호판이나 악기, 사람의 머리나 손이 상어의 위장에서 발견된 적도 있어요. 사실 인간의 피부도 상어 먹이로 적합하지 않아요. 할 수만 있다면 상어도 이런 것들을 뱉어 내고 싶을 거예요.

상어의 코는 무척 예민해요. 코끝을 때리면 공격을 막을 수 있다는데, 위험하니까 절대 조심해야 해요.*

떡!

상어는 2킬로미터 떨어진 곳에서도 피 냄새를 맡을 수 있어요.

킁! 킁!

* 이 결과에 대해서는 책임지지 않습니다.

치명적인 독을 품은 브라질떠돌이거미

조용하면서도 재빠르게 움직이는 이 회갈색 거미는 낙엽이나 어두운 곳에서는 눈에 잘 띄지 않아요. 브라질떠돌이거미는 주둥이 부분만 빨갛게 빛나는데, 남아메리카 전역에서 발견돼요. 치명적인 독을 품고 있어서 물리면 위험해요. 브라질떠돌이거미의 학명은 포뉴트리아로, '여자 살인마'를 뜻하는 그리스어에서 유래했어요.

브라질떠돌이거미의 정보

- 분류: 거미류
- 먹이: 파리, 곤충, 도마뱀
- 몸길이: 10~12센티미터
- 무게: 10밀리그램
- 서식지: 숲 바닥, 상자, 찬장, 자동차 트렁크 등
- 수명: 1~2년
- 주무기: 독니

이 거미에게 물리면 피가 멈추지 않아요.

스륵스륵!

고약한 성질

- 무척 공격적이고 빨라요. 보통 거미들은 사람을 보면 숨는데, 브라질떠돌이거미는 달려와서 물어요.
- 먹잇감을 공격하기 전에 앞발을 허공에 세우고 좌우로 흔들면서 경고를 먼저 해요.
- 몇 초마다 반복해서 물 수도 있어요.
- 자신보다 몸집이 훨씬 큰 쥐나 도마뱀을 독으로 죽일 수 있어요. 한 번 물 때 나오는 독은 쥐 225마리를 죽일 만큼 강력해요.
- 떨림에 예민하게 반응해요. 브라질떠돌이거미는 거미줄을 치지 않기 때문에 주위의 작은 움직임까지 민감하게 살펴 먹이나 적이 다가오는 것을 알아차려요.
- 암컷 브라질떠돌이거미는 짝짓기를 한 다음에 수컷을 잡아먹어요.

해독제가 나왔어!

브라질떠돌이거미의 독은 매우 치명적이에요. 하지만 이 거미에 물린 사람이 수천 명인데도 1926년 이래 죽은 사람이 14명밖에 되지 않아요. 물 때마다 독을 내뿜지는 않기 때문이에요. 통증은 심하지만 독을 내뿜지 않으면 생명에 지장이 없고, 1996년 해독제가 개발된 뒤로는 사망자가 발생하지 않았답니다.

브라질떠돌이거미에게 물리면 통증이 어마어마하대요.

바다 건너 다른 나라로!

브라질떠돌이거미는 어둡고 음침한 장소를 좋아해서 해외로 수출되는 과일 상자에 들어가 있다가 다른 나라의 마트에서 발견되기도 해요. 그러면 마트가 아수라장이 되고 말지요.

63 초원의 제왕, 사자

수백 년 동안 사자는 용맹하고 강인하며 아름다운 동물로 여겨져 왔어요. 사자는 아프리카, 유럽, 아시아 등 여러 지역에 살았어요. 하지만 지금은 아프리카와 인도 북부에만 남아 있어요. 그래서 사자를 보려면 그곳으로 찾아가야 해요.

사자의 정보

- 분류: 포유류
- 먹이: 육식성. 가젤, 들소, 누, 얼룩말
- 몸길이: 2.4~3.3미터
- 몸무게: 120~225킬로그램
- 서식지: 탁 트인 삼림, 초원지대
- 수명: 10~15년
- 사냥법: 목을 물어 질식시키기

뚫을 수 없는 가죽

사자는 수많은 신화와 전설에 등장해요. 그리스의 영웅 헤라클레스는 네메아의 사자를 죽인 뒤 아름다운 사자 가죽을 걸치고 다녔어요. 그 가죽은 인간의 화살과 창, 칼로는 뚫을 수 없었어요.

사람을 잡아먹다!

사람을 만난 사자는 대부분 도망가서 숨어요. 하지만 사람 고기를 먹어 본 사자는 일부러 사람을 공격해요. 사자의 사냥 구역 안에 들어간 농부나 일꾼이 참변을 당하기도 했어요. 1898년 케냐에서는 철도 건설 노동자 28명이 사자에게 목숨을 잃은 사건이 일어났어요.

검투사와의 경기

고대 로마에서 사자들은 그물과 삼지창으로 무장한 검투사와 싸워야 했어요. 이 경기를 위해서 북아프리카의 수많은 사자가 배에 실린 채 로마로 보내졌어요. 그래서 북아프리카의 사자는 멸종되고 말았어요.

삼지창

산 채로 먹지는 않아!

사자의 이빨은 무시무시해요. 하지만 먹잇감을 산 채로 갈기갈기 물어뜯어 먹지는 않아요. 날카로운 송곳니 네 개로 먹잇감의 목을 꽉 물고 있다가 숨이 끊어지면 어금니를 가위처럼 사용해서 물어뜯고 자르고 찢어서 먹지요.

사자는 초원을 가로지르며 사냥감을 몰래 뒤쫓아요. 그러다 갑자기 뛰어올라 덮쳐 죽이지요.

아, 평화로운 중국!

상어도 죽이는 바다악어

바다악어는 오늘날 지구에서 가장 큰 파충류예요. 무척 위험한 존재지요. 바다악어는 동남아시아와 오스트레일리아 해안 주변의 얕은 바다에서 살아요. 변온 동물이어서 체온이 내려가면 햇볕을 쬐고, 체온이 올라가면 물에 뛰어들어요. 바다악어들은 인간을 제외하고는 천적이 없답니다.

바다악어의 정보

- 분류: 파충류
- 먹이: 육식성. 뱀, 거북, 원숭이, 물소
- 몸길이: 6~7미터
- 몸무게: 1,000~1,200킬로그램
- 서식지: 해안, 강어귀
- 주무기: 강한 턱

바다악어는 먼 바다에서 수영하는 사람들은 물론이고, 상어를 죽이기도 해요.

악어는 바늘처럼 뾰족한 이빨이 60개나 있고, 강한 턱을 가지고 있어요. 화가 나거나 놀라면 울음소리를 내거나 기침을 하고 쉭쉭 소리를 내요.

우드득우드득!

눈물겨운 모성애

암컷 악어는 낙엽과 진흙으로 만든 둥지에 해마다 40여 개의 알을 낳은 뒤 따뜻하게 덮어 줘요. 90일이 지나면 새끼 악어가 알을 깨고 나와요. 엄마 악어는 새끼들의 울음소리가 들리면 둥지를 들추고 새끼들을 입에 넣어 바다로 데려가요. 그리고 새끼들이 헤엄치는 법을 배울 때까지 곁에서 돌봐 줘요.

패션이 뭐길래

예전에는 악어가죽으로 만든 허리띠나 가방이 유행했어요. 그래서 악어가 멸종 위기에 놓이고 말았어요. 요즘 나오는 패션 소품은 야생 악어가 아니라 농장에서 기른 악어의 가죽으로 만들어요. 하지만 이것도 동물 학대예요.

패션의 완성은 악어 가방이지!

악어가죽은 저마다 독특한 무늬를 가지고 있어요.

잠복 사냥

악어는 물에 몸을 반쯤 숨기고 떠다니면서 먹잇감이 나타나기를 기다려요. 사냥감이 나타나는 순간 풀쩍 뛰어올라 낚아채서 물속으로 끌고 가 잡아먹지요.

악어가죽은 갈색을 띤 초록색이어서 물속에 있으면 거의 눈에 띄지 않아요.

65 수많은 질병을 퍼트리는 쥐

쥐는 몸집도 작고 털도 복슬복슬하지만 귀여움과 거리가 먼 동물이에요. 쥐는 수많은 질병을 퍼뜨리는 데다 몸에는 18가지의 기생충이 살고 있어요. 더럽고 복잡한 도시는 쥐들이 살기에 딱 좋은 장소예요. 세균이 득실대는 쓰레기를 먹고 여기저기 똥오줌을 싸서 위험한 세균을 널리 퍼뜨리지요. 시골에 사는 쥐는 야생 조류를 죽이고, 농작물과 곡식을 갉아 먹고, 기생충을 퍼뜨리기도 해요. 지구에는 사람보다 다섯 배나 많은 쥐가 살고 있는데, 그 수는 점점 늘고 있어요.

쥐의 정보

- 분류: 포유류
- 먹이: 잡식성(가리는 것이 없음.)
- 몸길이: 16~22센티미터
- 몸무게: 40~520그램
- 수명: 3년
- 특기: 질병 퍼뜨리기

암컷 쥐는 1번에 12마리씩 새끼를 낳고, 해마다 총 7번을 낳아요. 암컷 쥐 1마리는 평생 250여 마리의 새끼를 낳는 셈이지요.

쥐 때문에 죽은 사람들

쥐가 퍼트린 가장 치명적인 질병은 흑사병이에요. 아시아 혹은 북아프리카에서 시작된 흑사병은 중국에서도 수백만 명의 목숨을 앗아 갔어요. 고대 이집트인들도 흑사병으로 죽었을지 몰라요. 1340년대와 1350년대에 몽골에서 시작된 흑사병은 크게 유행해서 유럽 인구의 3분의 1을 포함해 전 세계적으로 7,500만 명이나 죽음으로 몰아넣었어요. 1665년 영국 런던에서는 흑사병으로 3만 8,000명이 죽었어요. 마지막으로 흑사병이 유행한 곳은 1994년 마다가스카르였어요.

사람 잡는 쥐벼룩

이 작은 벌레에게 물리면 가렵기만 한 게 아니에요. 쥐벼룩은 동물을 물고 피를 빨아 먹는 과정에서 질병을 옮겨요. 흑사병이 유행했던 시절, 쥐벼룩은 쥐의 몸에 붙어 배나 화물차를 통해 전 세계로 퍼져 나갔어요.

의사도 무서워했던 흑사병

옛날에 흑사병에 걸리면 대부분 목숨을 잃었어요. 환자들은 고열과 가래톳 통증에 시달렸어요. 현대에 들어와 흑사병은 치료할 수 있게 되었지만, 옛날에는 의사들이 뜨겁게 달군 쇠막대로 가래톳을 터트리고 효과 없는 약초를 처방하는 것이 전부였어요. 의사들은 감염을 피하려고 가죽 장갑을 끼고, 밀랍을 바른 가운을 입고, 달콤한 향신료로 채운 부리 달린 가면을 쓰고 치료했어요. 하지만 흑사병을 피할 수는 없었지요.

아프리카의 난폭한 동물, 하마

엉덩이를 씰룩거리며 풀을 뜯는 하마가 아프리카에서 가장 위험한 동물이란 걸 알고 있나요? 하마는 매년 수백 명을 죽음에 이르게 해요. 코뿔소나 사자가 죽이는 사람의 수보다 많아요. 하마는 육지에 사는 포유류 중 세 번째로 몸집이 커요. 그래서 공격하겠다고 마음먹으면 무척 위험해요. 하마는 자신의 영역이 침범당하면 난폭해지는데, 공격 속도가 시속 32킬로미터나 된대요.

하마의 정보

- 분류: 포유류
- 먹이: 초식성. 식물
- 몸길이: 3.5~5미터
- 몸무게: 3,000~4,500킬로그램
- 서식지: 강, 갈대밭, 초원
- 수명: 40년
- 사냥법: 밟기, 찌르기, 물기

하마의 이빨 길이는 대체로 50센티미터나 돼요. 화가 나면 사람들이 가득 탄 배를 물어서 두 동강 낼 수도 있어요.

수컷 하마는 암컷과 자기 영역을 지키기 위해 침입자와 싸워요. 입을 1.2미터나 크게 벌리고 머리를 맞부딪치며 맞서지요. 배설물을 뿌려 공격하기도 해요.

철퍽 철퍽

우아한 수영 선수

하마는 땅 위에서는 거대한 몸 때문에 느리지만, 물속에서는 무척 우아하게 움직여요. 진흙탕에서 귀와 콧구멍을 막은 채 5분 이상 잠수할 수 있고, 발에 물갈퀴가 달려서 강바닥을 쉽게 걸어 다닐 수도 있어요.

하마를 숭배한 이집트인

고대 이집트의 미라 중에는 하마의 공격을 받고 팔다리가 부러진 것도 있어요. 그래도 이집트인들은 하마를 숭배했어요. 추앙하는 여신인 타와레트를 새끼 밴 하마로 표현하기도 했지요.

피가 아니라 천연 오일!

옛날에는 끈적끈적하고 붉은 액체로 덮인 하마의 피부를 보고 피를 흘린다고 생각했어요. 그런데 알고 보니 하마가 물 밖으로 나올 때 피부를 보호하려고 분비하는 천연 오일로 밝혀졌어요.

황로

아, 시원해!

황로는 친구

몸이 긴 황로는 하마를 따라다니거나 등에 올라타고 다녀요. 하마를 귀찮게 하는 파리나 진드기 같은 생물도 잡아먹지요.

피부에서 독을 내뿜는 독화살개구리

화려하게 반짝이는 독화살개구리는 엄지손톱보다 작지만 놀라운 동물이에요. 전 세계 열대 우림에 살고 있는 독화살개구리는 200여 종이나 돼요. 이 온순한 개구리는 먹을 때만 사냥을 해요. 그것도 파리나 개미, 진드기 등을 잡아먹지요. 하지만 피부의 독은 지구상에서 가장 치명적인 물질 중 하나랍니다.

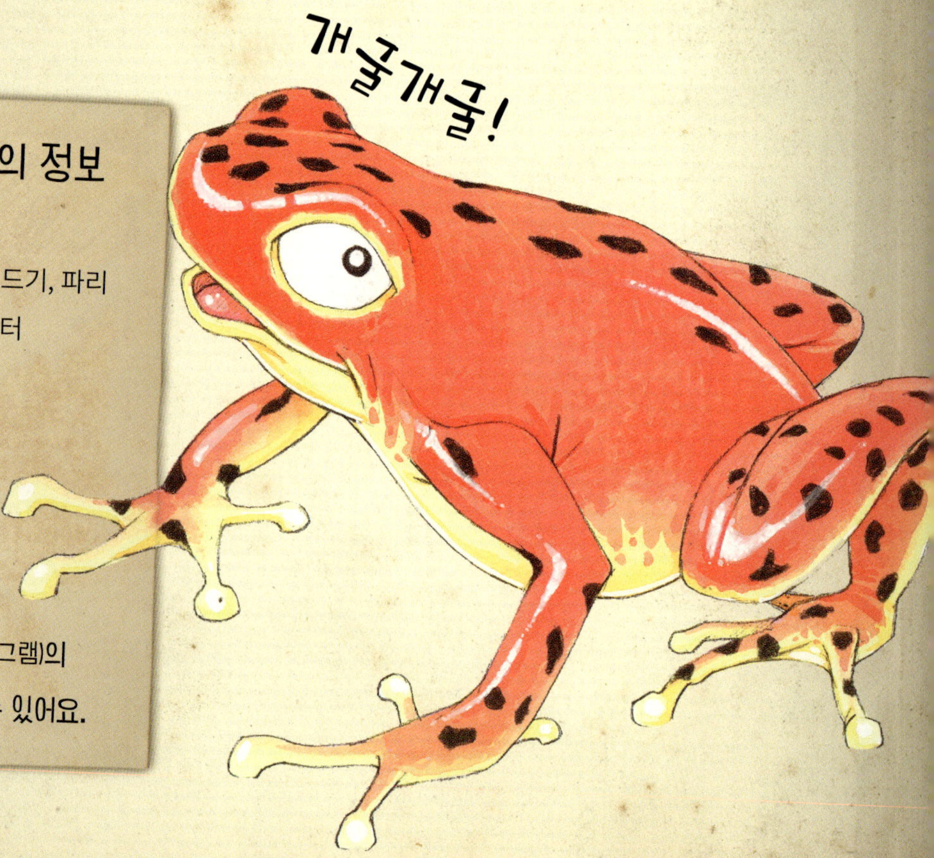

독화살개구리의 정보

- 분류: 양서류
- 먹이: 식충성. 개미, 진드기, 파리
- 몸길이: 2.5~6센티미터
- 몸무게: 2.0~6.5그램
- 서식지: 열대 우림
- 수명: 4~6년
- 주무기: 독

독화살개구리는 2마이크로그램(0.000002그램)의 독으로도 사람을 죽일 수 있어요.

개굴개굴!

독화살개구리의 독

- 독화살개구리는 먹이를 사냥하거나 다른 개구리와 싸울 때는 독을 사용하지 않아요. 천적으로부터 자신을 보호해야 할 때만 피부의 특수한 땀샘에서 독을 내뿜어요.
- 독화살개구리의 화려한 몸 색깔은 자신을 건드리거나 잡아먹지 말라는 경고의 표시예요. 독화살개구리를 한 번만 핥아도 죽을 수 있어요. 그래도 몇몇 뱀과 커다란 거미들이 독화살개구리를 잡아먹는데, 독을 견딜 수 있기 때문이래요.
- 어떤 과학자들은 독화살개구리의 독이 열대 우림에 사는 침개미나 곤충을 먹어서라고 주장해요. 만약 독화살개구리에게 독이 없는 먹이를 먹이면 독이 없는 상태가 될 수도 있다고 말이지요.

독에 감염된 사냥감 먹기

수천 년 동안 남아메리카와 오스트레일리아, 파푸아뉴기니의 사냥꾼들은 화살촉에 독화살개구리의 독을 발랐어요. 독화살에 맞은 사냥감은 몸이 마비되고 금세 목숨을 잃었지요. 독에 감염된 사냥감은 조리해서 먹으면 안전했어요. 열에 의해 독성분이 사라졌거든요.

지극정성으로 키우는 올챙이

암컷 독화살개구리는 열대 우림의 땅바닥에 알을 낳아요. 알이 올챙이로 부화하면 수컷은 새끼를 등에 업고 높은 나무 위에서 자라는 식물 사이의 작은 물웅덩이로 데려가요. 암컷은 수정되지 않은 알을 낳아 올챙이들에게 먹여요.

68 가장 위험한 독뱀, 킹코브라

매년 500만 명이 뱀에 물리는데, 그중 12만 5,000명이 목숨을 잃어요. 가장 위험한 뱀으로는 킹코브라를 꼽아요. 가장 몸집이 크고 공격적이며 사나운 독뱀이기 때문이지요. 킹코브라는 한 번 물면 자신의 머리가 잘려도 놓지 않아요. 킹코브라에게 물렸을 때 곧바로 치료받지 않으면 절반 이상이 죽는대요.

쉬익쉬익 쉬이익!

킹코브라가 상대를 위협할 때는 목 부분의 피부와 비늘을 평평하게 펼쳐요. 그 크기가 사람 손만 해요.

킹코브라의 정보

- 분류: 파충류
- 먹이: 육식성. 다른 뱀
- 몸길이: 5.7미터
- 몸무게: 20킬로그램
- 서식지: 열대와 아열대의 숲과 강
- 수명: 20년
- 주무기: 독 이빨

킹코브라는 코끼리 한 마리를 죽일 수 있는 독을 내뿜어요.

접근 금지

킹코브라가 가장 위험한 시기는 번식기인 초여름이에요. 암컷은 잎으로 만든 둥지에 알을 낳고, 수컷은 둥지 가까이 오는 모든 것에 공격을 해요. 번식기를 제외하면 위협을 느끼거나 잡히거나 화가 났을 때만 공격한대요.

한입에 꿀꺽!

- 킹코브라는 다른 뱀들을 먹어요. 때때로 작은 코브라를 먹을 때도 있어요.
- 킹코브라는 먹이를 씹지 않아요. 턱을 있는 대로 벌려서 한 번에 꿀꺽 삼키지요. 산 채로 말이에요.
- 킹코브라의 독은 삼킨 먹이를 마비시킨 뒤 위장에 도달하기 전부터 소화를 시켜요.

예민한 사냥꾼

킹코브라는 땅 위에서든 물속에서든 아주 빨리 움직여요. 몸의 3분의 1을 꼿꼿이 세운 채 사냥감을 공격하거나 독을 내뿜지요. 사냥할 때는 갈라진 혀로 사냥감의 냄새를 입속에 뿜어 사냥감이 어떤지 알아차려요. 시력도 좋아서 10미터나 떨어진 동물을 알아볼 수 있어요. 밤에는 미세한 온도 변화를 느껴 사냥감의 움직임을 감지해 내요.

치명적인 독을 쏘는 상자해파리

상자해파리는 거의 눈에 띄지 않을 정도로 투명하고 창백한 푸른빛을 띠어요. 자몽만 한 이 생물은 11월부터 5월까지 태평양의 따뜻한 바다 위를 떠다니다가 파도타기를 하는 사람들이 많아지면 해안가로 몰려들어요. 상자해파리의 촉수에 쏘이고도 살아남은 사람이 있지만, 차라리 죽는 게 낫다고 말할 정도로 고통이 어마어마하대요.

상자해파리는 촉수로 물고기를 잡아요.

상자해파리의 정보

- 분류: 상자해파리류
  (상자 모양의 무척추동물)
- 먹이: 육식성. 작은 물고기나 벌레, 새우
- 몸길이: 몸통 25센티미터 이상, 촉수 3미터 이상
- 몸무게: 2킬로그램
- 서식지: 따뜻한 태평양
- 수명: 3~6개월
- 주무기: 독

상자해파리는 경고 신호 따위는 보내지 않아요. 슬그머니 다가가서 목숨을 빼앗지요.

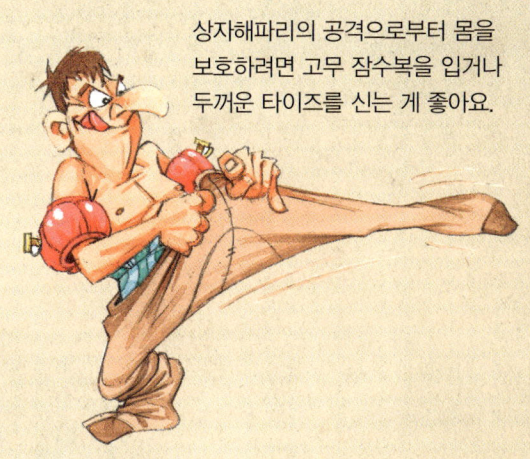

상자해파리의 공격으로부터 몸을 보호하려면 고무 잠수복을 입거나 두꺼운 타이즈를 신는 게 좋아요.

올림픽 수영 선수만큼 빨라!

팔도 다리도 없는 상자해파리는 제트기 추진력으로 움직여요. 종 모양의 머리로 물을 빨아들였다가 내뿜으면서 앞으로 나아가지요. 시속 8킬로미터로 움직이는데, 올림픽 수영 선수만큼 빠르답니다.

상자해파리의 촉수

- 길게 늘어진 상자해파리의 촉수는 미세한 가시 세포로 덮여 있어요. 가시 세포가 1제곱센티미터마다 300만 개가 달려 있대요.
- 가시 세포에는 치명적인 독뿐만 아니라 작은 갈고리도 달려 있어요. 가시 세포에 사람이나 물고기가 닿으면 갈고리와 독을 쏜답니다.
- 상자해파리에게 쏘이면 엄청난 통증과 함께 경련과 구토가 일어나고, 입에 게거품을 품게 돼요. 마비되고 목숨도 잃게 되지요. 식초가 독을 중화시키지만, 되도록 쏘이는 즉시 해독제로 치료해야 해요.

수영도 하고, 먹이도 잡고

상자해파리는 바다를 둥둥 떠다니는 동시에 사냥도 합니다. 길게 늘어진 촉수로 주변의 작은 물고기나 새우를 잡은 뒤, 입으로 가져가 몸통에 있는 관 속으로 보내지요. 이 관은 먹이를 빨아들여 위장으로 보내요.

70 말라리아를 퍼뜨리는 모기

모기는 약해 보이지만, 어떤 동물보다 수많은 사람의 목숨을 앗아 가는 곤충이에요. 말라리아라는 위험한 질병을 퍼뜨리는데, 해마다 300만 명에서 500만 명이 걸려요. 아프리카에서는 200만 명이 목숨을 잃고 있어요. 특히 모기는 어린이와 임산부, 노인과 환자에게 치명적이에요.

질병을 퍼뜨리는 것은 암컷 모기예요. 암컷 모기의 위 속에는 아주 작은 기생충이 살고 있어요.

모기의 정보

- 분류: 곤충류
- 먹이: 육식성. 피
- 몸길이: 0.3~2센티미터
- 몸무게: 2.5밀리그램
- 서식지: 따뜻하고 습한 곳, 주로 아프리카
- 수명: 2주~6개월
- 주무기: 질병 퍼뜨리기

사람의 피를 빨 때 모기의 기생충이 혈관을 타고 들어가 말라리아를 일으켜요.

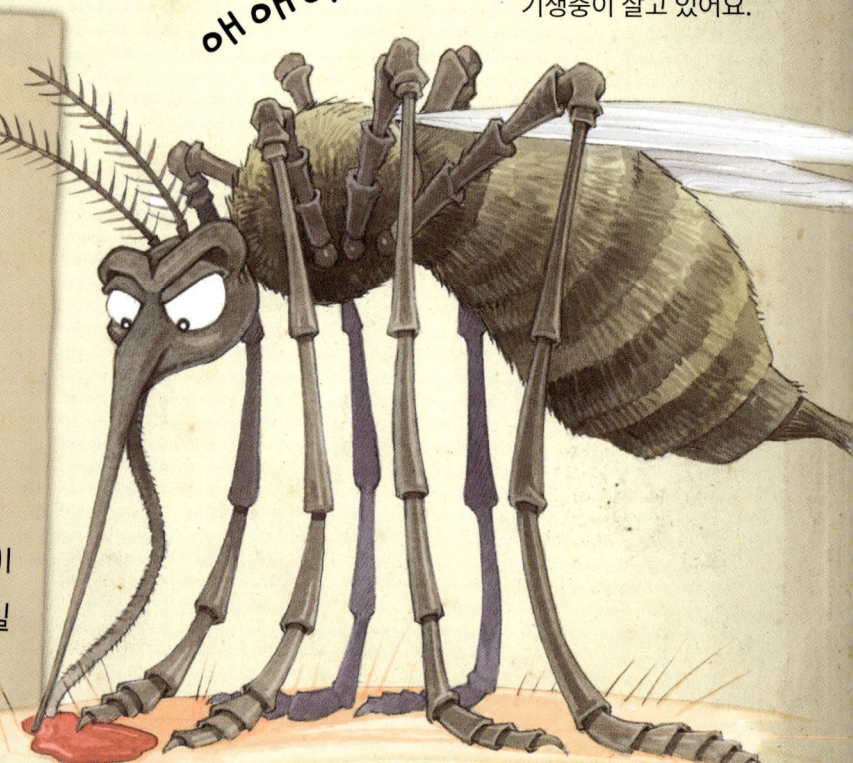

애애애애앵!

조오옥

모기만의 특별한 감각 기관

암컷 모기는 코가 없어요. 대신에 특별한 감각 기관이 있어서 사람이 움직이거나 땀을 흘리거나 호흡할 때 내뿜는 이산화탄소를 느껴요. 또 사람의 몸 냄새를 맡는 화학 물질이 모기의 몸속에서 분비된대요.

한 방도 안 물릴 거야!

사람이 아무 보호 장치 없이 모기가 가득한 곳에 있으면 하룻밤에 100번도 물릴 수 있어요. 모기의 공격을 피하려면 어떻게 해야 할까요?

- 모기장 안에서 자도록 해요.
- 긴팔 옷을 입으세요.
- 모기약을 뿌리세요.
- 모기가 보이는 장소에 미리 살충제를 뿌리세요.
- 불을 피워 놓으세요. 모기는 연기를 싫어하거든요.

모기의 일생

암컷 모기는 짝짓기를 한 뒤 사람의 피를 빨아 자기 몸속에 있는 알을 키워요. 그 뒤 얕은 물에 알 200개를 낳아요. 알에서 깬 애벌레는 죽은 동물의 사체를 먹고 자라요. 애벌레는 허물을 벗고 번데기가 되었다가, 날개 한 쌍과 다리 여섯 개를 가진 모기가 된답니다.

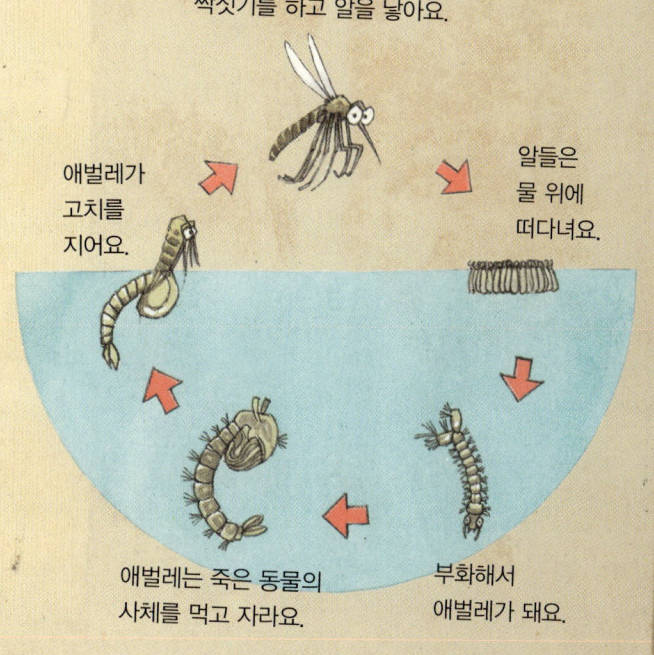

무시무시한 이빨을 가진 마시아카사우루스

긴 목과 꼬리, 두 발로 걷는 마시아카사우루스는 무시무시한 이빨이 가장 큰 특징이에요. 길고 뾰족한 앞니가 앞으로 툭 불거져 나와 있는데, 육식 공룡에게서는 보기 드문 모습이지요. 아랫니는 턱과 수평이어서 먹잇감을 찍어 내려 잡기 좋았어요. 칼날 같은 어금니는 사냥감의 살을 적당한 크기로 자르고 찢는 데 그만이었지요.

마시아카사우루스의 정보

- 뜻: 사악한 도마뱀
- 몸길이: 2미터
- 무게: 35킬로그램
- 먹이: 육식성
- 생존 시기: 8,400만~7,100만 년 전
- 시대: 백악기 후기
- 발견된 곳: 마다가스카르

공룡의 똥 화석을 '분석'이라고 해요. 분석을 보면 공룡이 무엇을 어떻게 먹었는지 알 수 있어요.

마시아카사우루스는 물고기와 도마뱀, 작은 공룡을 잡아먹었어요.

이빨만 봐도 알아!

과학자들은 공룡의 이빨 화석을 통해 공룡이 무엇을 먹고, 어떻게 사냥하고, 먹을 때 씹었는지 으깼는지 통째 삼켰는지를 알아낼 수 있어요. 이빨은 뼈보다 단단해서 화석으로 남은 것이 많아요. 덕분에 이빨을 보고 어떤 공룡이 존재했는지 알게 되었어요.

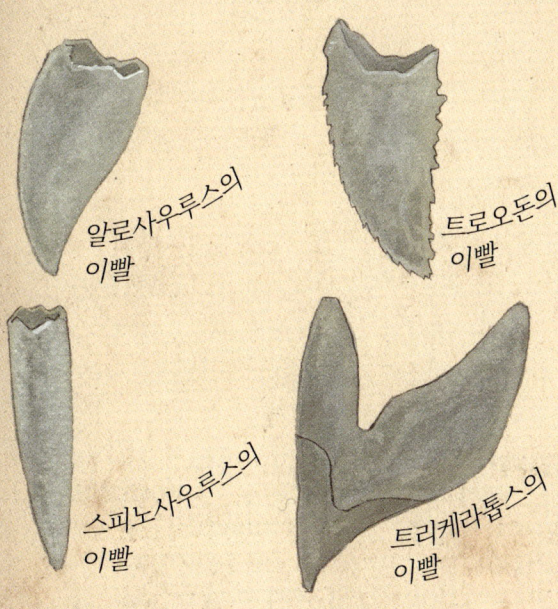

알로사우루스의 이빨
트로오돈의 이빨
스피노사우루스의 이빨
트리케라톱스의 이빨

이빨이 없어도 괜찮아

갈리미무스

"우린 평생 치과 갈 일이 없단다."

오리 주둥이를 가진 초식 공룡 파라사우롤로푸스는 이빨이 960개나 돼요. 한편 갈리미무스와 오르니토미무스 같은 잡식 공룡은 이빨이 하나도 없었어요.

파라사우롤로푸스

알로사우루스나 티라노사우루스 렉스 같은 난폭한 육식 공룡은 다른 동물의 살을 찢기 좋게 이빨이 날카롭고 뾰족했어요. 단단한 턱으로는 먹잇감의 뼈를 부러뜨렸지요. 트리케라톱스는 이빨 없는 주둥이로 식물을 모으고 납작한 어금니로 질긴 식물을 씹었어요. 트로오돈은 톱니 모양의 이빨로 질긴 고기와 힘줄을 잘랐어요.

돌은 왜 삼켰을까?

위석

거대한 초식 공룡의 이빨은 숟가락이나 말뚝 모양이어서 식물을 자르기에 안성맞춤이었어요. 초식 공룡은 음식물을 씹지 않고 꿀꺽 삼켜 위에서 소화시켰어요. 잎과 잔가지를 갈고 부수는 데 도움이 될 돌멩이도 함께 삼켰지요. 이 돌을 '위석'이라고 해요.

눈썹 뼈가 무기인 에오카르카리아 디놉스

에오카르카리아 디놉스는 어마어마하게 딱딱하고 큰 눈썹 뼈로 경쟁자를 물리치고 암컷을 유혹했어요. 7.6센티미터나 되는 긴 이빨은 칼날처럼 날카로워 다른 공룡을 해치울 수 있었어요. 최고 포식자였던 에오카르카리아 디놉스는 목이 긴 초식 공룡 니제르사우루스를 즐겨 먹었다고 해요.

에오카르카리아 디놉스의 정보

- 뜻: 새벽의 상어
- 몸길이: 6~8미터
- 몸무게: 1,600킬로그램 이상
- 먹이: 육식성
- 생존 시기: 1억 1,200만~9,960만 년 전
- 시대: 백악기
- 발견된 곳: 북아프리카 니제르

쿠아아앙!

누구 눈썹 뼈가 센지 보자!

크르르르릉!

공룡의 할아버지

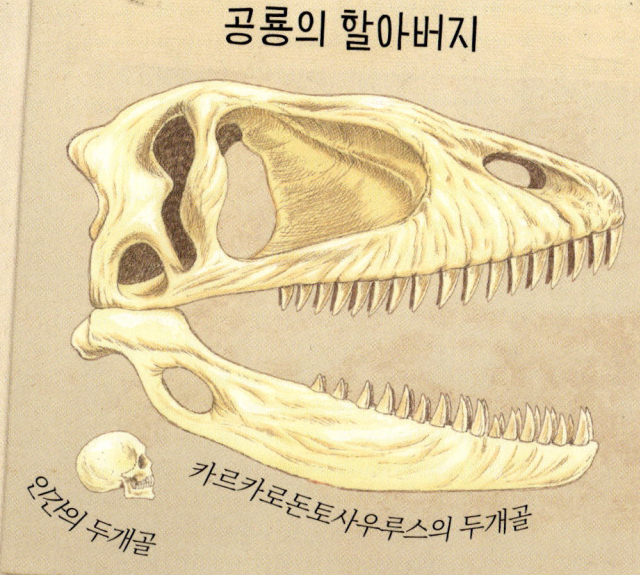

카르카로돈토사우루스의 두개골
인간의 두개골

에오카르카리아 디놉스는 오랜 세월이 지나 거대한 포식자인 카르카로돈토사우루스로 진화했어요. 카르카로돈토사우루스는 무시무시한 뼈대와 거대한 몸집, 엄청나게 큰 꼬리를 지닌 난폭한 육식 공룡이었어요. 몸길이는 14미터, 몸무게는 1만 5,000킬로그램이나 되었지요. 완전히 자란 카르카로돈토사우루스는 두개골 크기가 사람만 했대요.

니제르사우루스의 입은 진공청소기 흡입구 모양을 닮았어요. 오늘날의 소처럼 땅에서 나는 풀을 먹었지요.

에오카르카리아 디놉스는 너무 느려서 다른 공룡들을 따라가지 못했어요. 하지만 이 치명적인 포식자는 다른 공룡들이 방심한 순간을 노려 덮쳤답니다.

니제르사우루스

우적우적!

쩝!

엄마가 풀 말고 고기를 먹으랬어!

세 개의 뿔이 있는 트리케라톱스

트리케라톱스의 긴 뿔과 강한 몸은 티라노사우루스 렉스 같은 육식 동물에게도 공포의 대상이었어요. 머리 무게도 455킬로그램이나 되었지요. 다른 공룡을 향해 돌진하면 1.2미터나 되는 뿔은 심장까지 뚫고 들어갔대요. 두개골에 붙은 넓적한 골판은 적의 공격으로부터 부드러운 피부를 보호해 주는 역할을 했어요.

트리케라톱스의 정보

- 뜻: 세 개의 뿔이 있는 얼굴
- 몸길이: 9미터
- 몸무게: 6,000~12,000킬로미터
- 먹이: 초식성
- 생존 시기: 6,700만~6,500만 년 전
- 시대: 백악기 후기
- 발견된 곳: 미국

크르르릉!

트리케라톱스는 백악기 후기에 가장 번성했어요. 마지막까지 살아남은 공룡이기도 해요.

내가 살아남은 비결은 과일과 채소! 아, 뿔도 있군!

머리를 360도 회전

날카로운 주둥이

강한 근육

트리케라톱스는 두개골 아랫부분에 특수한 관절이 있어서 고개를 거의 360도까지 돌릴 수 있었어요. 눈 깜짝할 사이에 고개를 돌려 포식자와 맞설 수 있었지요.

무시무시한 뿔

트리케라톱스는 작은 무리를 지어 살았을 것으로 추정해요. 가장 크고 날카로운 뿔을 가진 수컷은 자신의 영역을 지키고, 다른 수컷으로부터 암컷을 지켜 내야 했어요.

우걱우걱!

7장 하늘을 나는 공룡, 케찰코아틀루스

케찰코아틀루스는 하늘을 나는 동물 중 가장 몸집이 컸어요. 이 무시무시한 공룡은 백악기에 살았고, 다른 공룡들처럼 파충류에 속했어요.

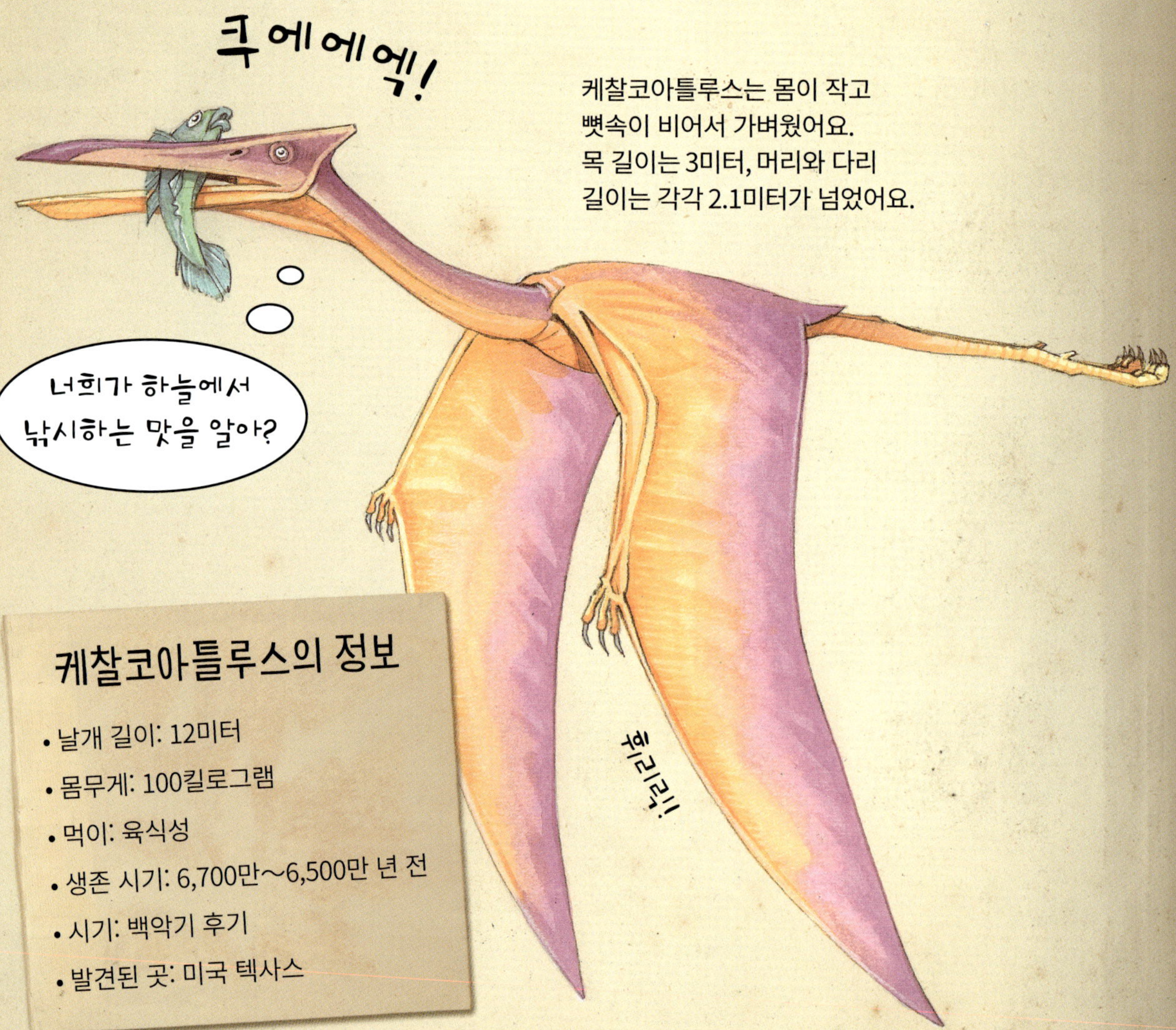

케찰코아틀루스는 몸이 작고 뼛속이 비어서 가벼웠어요. 목 길이는 3미터, 머리와 다리 길이는 각각 2.1미터가 넘었어요.

크에에엑!

너희가 하늘에서 낚시하는 맛을 알아?

휘리릭!

케찰코아틀루스의 정보

- 날개 길이: 12미터
- 몸무게: 100킬로그램
- 먹이: 육식성
- 생존 시기: 6,700만~6,500만 년 전
- 시기: 백악기 후기
- 발견된 곳: 미국 텍사스

하늘의 왕!

수이이익!

케찰코아틀루스의 날개는 얇은 가죽막으로 덮여 있었어요. 앞다리 넷째 발가락에서부터 몸통까지 이어져 있었지요. 꽤 멀리까지 날아갈 수 있었고, 시력이 좋아서 높은 하늘에서 먹이도 찾아냈어요.

시체 사냥꾼

케찰코아틀루스는 육지의 호수 주변에 살았어요. 물 위를 미끄러지듯 날아서 이빨이 없는 턱으로 물고기를 떠내듯 잡았지요. 네 발로 기어 다니면서 죽은 공룡의 사체를 먹는 시체 사냥꾼이기도 했어요.

아그작아그작!

구더기는 별미지!

정확히 말하면 케찰코아틀루스는 공룡이 아니에요. 공룡과는 사촌 사이라고 말할 수 있어요.

165

75 밤에 사냥하는 공룡, 트로오돈

몸집이 큰 공룡보다 트로오돈이 위협적이었던 이유는 커다란 뇌와 밤에 사냥하는 능력 때문이었어요. 때로 무리로 사냥을 다녔는데, 배고픈 트로오돈 무리는 무시무시했어요. 날카로운 이빨과 낫 모양의 커다란 발톱으로 부러뜨리고 찢을 수 있는 것이면 뭐든 먹어 치웠거든요.

트로오돈

사우로르니토이데스

크르르르릉!

트로오돈의 정보

- 뜻: 구부러진 이빨
- 몸길이: 2미터 이상
- 몸무게: 50킬로그램
- 먹이: 육식성
- 생존 시기: 7,400만~6,500만 년 전
- 시대: 백악기 후기
- 발견된 곳: 미국

뇌가 크고 똑똑한 공룡

동물의 지능은 뇌와 몸의 크기를 비교한 '대뇌화 지수'로 측정해요. 몸에서 뇌가 차지하는 비중이 클수록 지능이 높아요. 초창기 초식 공룡인 마소스폰딜루스는 대뇌화 지수가 매우 낮았어요. 반면 트로오돈은 몸에 비해 뇌가 커서 지능이 아주 높았어요.

마소스폰딜루스

쉿! 발소리 내지 마! 하나 둘 셋에 덮쳐!

살금살금

알을 품는 트로오돈

암컷 트로오돈은 땅속에 알을 2개씩 낳아 부화시켰어요. 닭처럼 알을 따뜻하게 품기도 했어요.

한밤의 사냥꾼

트로오돈의 몸집은 사람과 비슷해서 몸도 가볍고 빨리 달릴 수 있었어요. 작은 소리도 잘 들었고, 눈이 약간 앞을 향해 있어 어둠 속에서도 먹잇감을 잘 쫓았어요.

거대한 해양 파충류, 크로노사우루스

무시무시한 크로노사우루스는 오늘날의 향유고래와 비슷한 크기였어요. 엄청난 몸집으로 미루어 보건대, 다른 해양 파충류와 대왕오징어, 커다란 물고기는 물론이고, 해안 가까이 지나다니는 공룡까지 잡아먹었을 것으로 짐작되고 있어요.

크로노사우루스의 정보

- 뜻: 거대한 도마뱀
- 몸길이: 12.5미터 이상
- 몸무게: 2,200킬로그램
- 먹이: 육식성
- 생존 시기: 1억 4,400만~9,900만 년 전
- 시대: 백악기 전기
- 발견된 곳: 오스트레일리아

크로노사우루스는 그리스 신화의 크로노스(시간의 신) 이름을 따서 지었어요. 크로노스는 자식을 잡아먹은 신으로 유명해요.

뭐냐, 너는?

네 고기 맛이 궁금했어.

철썩!

바닷속 강자

강력한 지느러미가 있었던 크로노사우루스는 물속에서 몸을 자유자재로 움직일 수 있었어요. 헤엄치는 속도도 엄청나게 빨라서 이 공룡을 피해 도망칠 수 있는 생물은 거의 없었어요.

머리가 커서 힘센 짐승

크로노사우루스의 머리는 몸 전체 길이의 3분의 1을 차지할 정도로 거대했어요. 강한 턱과 15센티미터나 되는 긴 이빨로 거대 바다거북과 대형 암모나이트 껍질을 깨뜨렸지요.

대왕오징어

아르켈론

위험할 때 등딱지 속으로!

아르켈론은 몸길이가 3.6미터가 넘는 거대 거북이었어요. 육식 동물인 아르켈론은 아마 해파리를 먹었을 거예요. 크로노사우루스의 위협을 받으면 지느러미발을 두꺼운 등딱지 속으로 쏙 집어넣어 자신을 보호했어요.

민첩한 사냥꾼, 알로사우루스

가장 번성했던 알로사우루스는 무시무시하고 민첩한 사냥꾼이었어요. 목은 짧고 꼬리는 길었으며, 거대한 두개골에는 뭉툭한 뿔 두 개가 달려 있었지요. 턱에는 휘어진 단검 같은 이빨이 줄지어 나 있었는데, 이빨 끝은 나이프의 칼날처럼 톱니 모양이었어요. 알로사우루스의 발톱은 무척 강해서 먹이를 잡고 찢을 수 있었어요. 캄프토사우루스와 스테고사우루스 같은 초식 공룡이 강한 발톱의 희생자였어요.

콩 하나도 나눠 먹어야지!

알로사우루스의 정보

- 뜻: 특별한 도마뱀
- 몸길이: 12미터
- 몸무게: 4,500킬로그램
- 먹이: 육식성
- 생존 시기: 1억 5,300만~ 1억 3,500만 년 전
- 시대: 쥐라기 후기
- 발견된 곳: 탄자니아, 미국

난폭한 사냥꾼

알로사우루스는 거대한 꼬리로 먹이를 가두어서 산 채로 잡아먹었어요. 물론 죽은 동물도 먹었고, 작은 공룡들이 잡은 먹이를 빼앗기도 했어요.

다정한 엄마

화석을 보면 알로사우루스가 새끼들을 정성껏 돌본 것을 알 수 있어요. 죽은 동물을 발견하면 새끼들에게 가져와 먹였어요. 천적이나 경쟁자도 열심히 물리쳤고요. 어미 알로사우루스는 새끼들이 다 자랄 때까지 이 일을 계속했어요.

오도독오도독!

그르르릉! 쿠에에엑! 아파토사우루스 와그작!

비겁해! 1대 1로 붙어야지!

크기는 중요치 않아

아파토사우루스와 디플로도쿠스처럼 몸집 큰 공룡도 알로사우루스의 공격을 물리치지 못했어요. 알로사우루스 무리는 거대한 초식 공룡 중에서 가장 약한 공룡을 공격했을 거예요.

171

무리 지어 사냥하는 메가랍토르

사납고 새처럼 생긴 메가랍토르는 믿을 수 없을 정도로 난폭했어요. 낫처럼 생긴 발톱은 35센티미터나 되었지요. 엄청나게 강력한 턱에는 날카롭고 삐죽삐죽한 톱니 모양의 이빨이 돋아 있었어요. 메가랍토르는 지능이 높아서 무리 지어 사냥하면 뭐든 잡아먹을 수 있었어요.

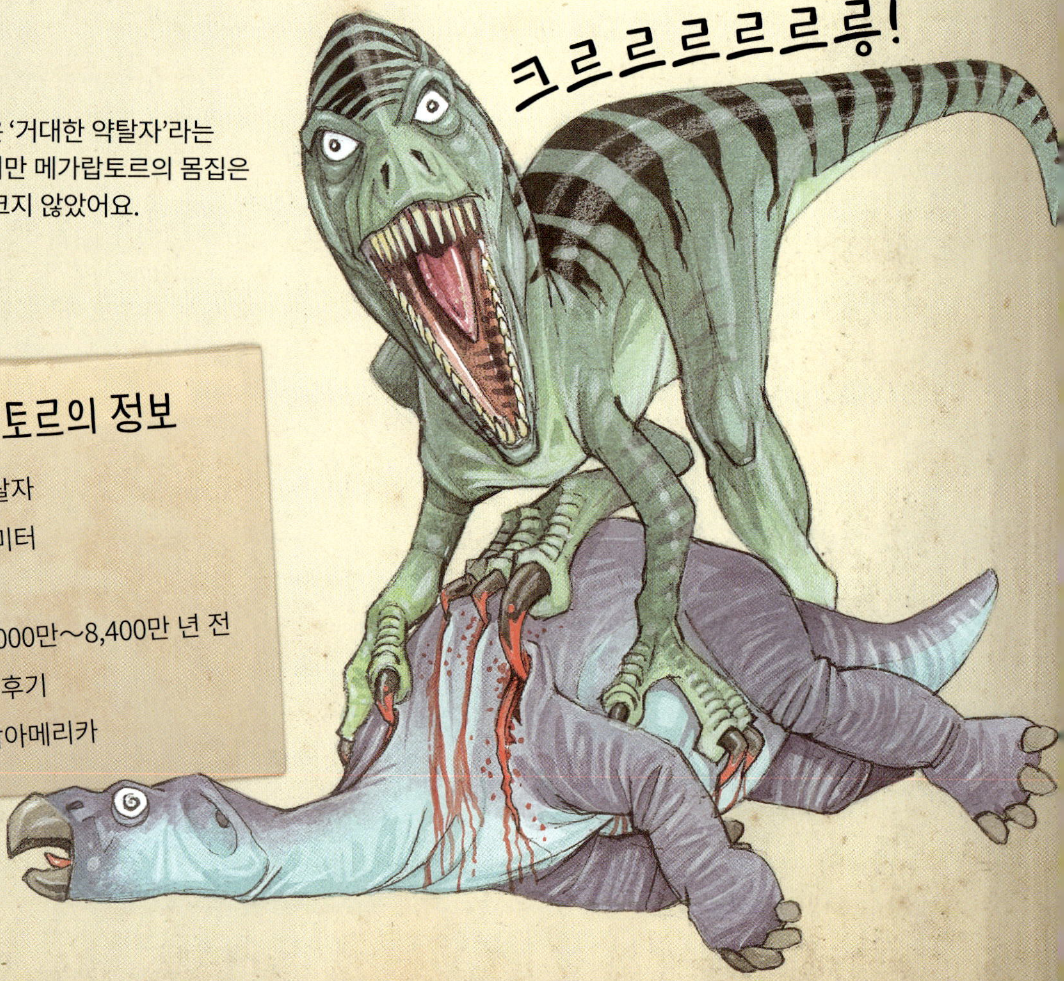

이름은 '거대한 약탈자'라는 뜻이지만 메가랍토르의 몸집은 그리 크지 않았어요.

크르르르르르릉!

메가랍토르의 정보

- 뜻: 거대한 약탈자
- 몸길이: 6~8미터
- 먹이: 육식성
- 생존 시기: 9,000만~8,400만 년 전
- 시대: 백악기 후기
- 발견된 곳: 남아메리카

데이노니쿠스의 발톱

데이노니쿠스는 무시무시한 발톱을 가지고 있었어요.

자신과 몸집이 비슷한 힙실로포돈 같은 먹잇감을 쫓아가 덮쳤어요.

날카로운 앞발톱과 낫처럼 휘어진 뒷발톱으로 갈기갈기 찢어서 먹었어요.

날쌘돌이 사냥꾼

쌩!

유타랍토르는 랩터류 중 몸집이 가장 컸어요. 달리는 속도가 시속 100킬로미터로 무척 빨라서 마음만 먹으면 어떤 사냥감이든 잡을 수 있었어요. 무리 지어 사냥을 다녔는데, 한 마리를 미끼로 내세워 자신들보다 두 배나 큰 공룡을 잡기도 했어요.

테논토사우루스

역시 고기는 찢어 먹어야 맛있어!

쩝쩝!

몸길이가 3미터 정도인 데이노니쿠스 무리는 몸집이 두 배인 테논토사우루스도 사냥했어요.

데이노니쿠스

으르르르렁!

79 공룡의 제왕, 티라노사우루스 렉스

무시무시한 티라노사우루스 렉스는 거대한 두개골을 가지고 있었어요. 근육질 턱은 1.2미터나 되었고, 크고 뾰족한 이빨이 가득했어요.

티라노사우루스 렉스의 원뿔 모양 이빨은 50~60개였어요. 살을 찢고 뼈를 으스러뜨리기 좋도록 톱니처럼 나 있었지요. 이빨 크기는 제각각이었는데, 가장 큰 것이 33센티미터나 되었어요. 싸우거나 먹이를 먹다가 이빨이 부러지면 그걸 대신할 새로운 이빨이 자라났어요.

티라노사우루스 렉스의 정보

- 뜻: 폭군 왕 도마뱀
- 몸길이: 13미터
- 몸무게: 5,000킬로그램
- 먹이: 육식성
- 생존 시기: 6,700만~6,500만 년 전
- 시대: 백악기 후기
- 발견된 곳: 미국, 캐나다, 동아시아

티라노사우루스 렉스의 입은 쩍 벌리면 1미터나 되었어요. 230킬로그램의 고기와 뼈를 한입에 먹을 수 있었대요.

크아아아앙!

왕관 안 써도 알지? 나, 공룡의 왕이다!

엎드렸다 일어나기는 어려워!

(a) 티라노사우루스 렉스는 엎드려서 쉬었어요. 하지만 몸무게 때문에 일어서는 게 쉽지 않았어요.

(b) 일어서려면 먼저 작은 앞다리로 균형을 잡았어요.

(c) 그 뒤에 뒷다리를 곧게 뻗으면서 머리를 뒤로 젖히고 그 반동으로 몸을 일으켰어요.

(d) 똑바로 일어서고 나면 사냥을 나섰어요.

썩은 고기도 맛있어!

티라노사우루스 렉스는 주위에 살아 있는 짐승이 없으면 예민한 후각으로 짐승의 사체를 찾았어요. 그런 뒤 재빨리 먹어 치웠지요. 썩은 동물의 냄새를 맡으면 알베르토사우루스와 다스플레토사우루스 같은 공룡들이 몰려들었거든요.

80 등에 큰 돌기가 있는 스피노사우루스

스피노사우루스는 가장 큰 육식 공룡으로, 몸길이가 18미터나 돼요. 이 무자비한 공룡은 죽은 공룡을 헤집어 먹었을 뿐 아니라 어떤 종류든 가리지 않고 공격해 잡아먹었어요. 주둥이는 길고 좁아서 마치 악어 같았어요. 입안에는 날카롭고 곧은 이빨이 가득하고 콧구멍은 위를 향해 있었어요. 이걸로 추측해 볼 때 맹그로브 늪에서 상어와 다른 물고기들을 사냥했던 것 같아요.

스피노사우루스의 정보

- 뜻: 가시 도마뱀
- 몸길이: 18미터
- 몸무게: 4,000~8,000킬로그램
- 먹이: 육식성
- 생존 시기: 9,500만~7,000만 년 전
- 시대: 백악기 후기
- 발견된 곳: 이집트, 모로코

엄마야!

디메트로돈

돛처럼 생긴 돌기

스피노사우루스의 등에 솟은 독특한 돌기는 2미터까지 자라났고, 그 사이사이가 피부로 연결되어 배에 달린 돛처럼 보였어요. 그래서 더 커 보이는 점을 이용해 적들을 위협했지요. 과학자들은 스피노사우루스가 이 돌기로 체온을 유지했다고 추측해요.

척추뼈 돌기

그르르르릉!

사나운 육식 공룡인 디메트로돈은 스피노사우루스보다 2억 년이나 앞서 살았어요. 등에는 부챗살 같은 돌기가 돋아 있었지요. 디메트로돈은 초기 파충류였지만, 펠리코사우루스라고 불리는 포유류의 조상이었어요.

가장 작은 공룡, 미크로랍토르

스피노사우루스는 지금까지 알려진 육식 공룡 중 가장 긴 얼굴을 가지고 있었어요. 입 길이가 2미터나 되었지요. 반면 미크로랍토르는 가장 작은 공룡이었어요. 길이가 겨우 60센티미터인 이 공룡의 팔뚝과 뒷다리에는 원시적인 날개가 하나씩 돋아 있었어요. 움직임이 재빠른 미크로랍토르는 나무에 살면서 곤충을 잡아먹었어요.

깜찍한 공룡이네!

미크로랍토르

가르르르릉!

177

81 세상을 파멸시킬 수 있는 천둥새

천둥새는 두 날개에 거친 바람을 가득 싣고 하늘에 있는 집으로부터 내려와요. 날갯짓을 할 때마다 천지를 뒤흔드는 천둥이 치고, 눈을 깜빡일 때마다 번개가 번쩍였지요. 북아메리카 원주민의 전설 속에 등장하는 천둥새는 화가 나면 홍수와 폭풍으로 세상을 파멸시켰다고 해요.

천둥새의 정보

- 모습: 오색 빛깔의 독수리
- 크기: 양 날개를 펼치면 카누 두 대를 연결한 길이와 비슷함.
- 주무기: 부리, 발톱
- 사는 곳: 북아메리카 대륙
- 능력: 홍수와 폭풍을 몰고 옴.

천둥새는 날개 아래에 뱀을 데리고 다녔대요.

휘익!

휘이익!

오늘 세상은 평온해!

크르릉 번쩍!

천둥새와 괴물 고래의 대결

한번은 괴물 고래가 바닷속 물고기를 다 먹어 치워서 모두가 굶주렸어요. 천둥새가 고래를 공격해 끔찍한 전투가 벌어졌어요. 마침내 승리한 천둥새는 고래를 바다 깊은 곳으로 던져 버렸어요. 고래를 하늘로 가져가 먹어 치웠다고 말하는 사람들도 있었어요.

천둥새 조각상

캐나다의 한 마을에는 커다란 날개를 활짝 펼치고 마을을 내려다보는 토템 기둥이 있어요. 이 천둥새 조각상은 강력한 힘과 조상에 대한 존경, 수호자를 상징해요.

천둥새는 신성한 산의 꼭대기에 걸쳐 있는 구름 위에서 산대요.

점심은 코끼리

로크는 아시아의 전설에 등장하는 거대한 새예요. 로크는 코끼리를 점심 도시락으로 가지고 다녔어요. 커다란 돌을 떨어뜨려 배를 침몰시킬 수 있을 정도로 힘도 셌어요.

아, 무서워! 나, 고소공포증 있어!

82. 뱃사람을 유혹하는 반인반수, 인어

뱃사람들의 전설에 나오는 동물이나 인물은 대부분 끔찍하고 무서워요. 하지만 인어만큼은 달랐어요. 인어는 아름다운 자태로 바위 위에 앉아 지나가는 배의 선원들에게 가까이 오라고 손짓하며 유혹했어요. 그래서 바다로 뛰어드는 선원이 있으면 바닷속 깊은 곳에 있는 인어 궁전으로 데리고 갔어요. 결국 선원은 익사하고 말았지요.

인어의 정보

- 모습: 얼굴과 상반신은 사람, 하반신은 물고기
- 크기: 61미터가 되는 것도 있음.
- 주무기: 달콤한 목소리, 긴 머리, 아름다운 외모
- 사는 곳: 암초가 많은 해안
- 능력: 치명적인 매력

인어를 직접 보면 끔찍한 불행을 겪게 된다는 말이 있었어요.

남자 인어들은 배를 침몰시키거나 선원들을 죽이지는 않았어요.

오늘의 목표는 저 배로 하자!

"내 미모가 인어랑 비슷하지?"

나, 인어 아니야!

귀여운 얼굴의 이 바다 생물은 호기심이 많아요. 옛날 뱃사람들은 이 동물을 인어로 착각했어요. 이 동물은 '매너티' 혹은 '바다소'라고 불리는 실제 동물이에요.

물의 정령

서아프리카의 인어는 '마미 와타'라고 불렀어요. 반은 사람, 반은 뱀의 모습을 하고 있었지요. 눈에는 아름다운 보석이 박혀 있었는데, 그걸 보면 눈이 멀었대요.

"반짝반짝!"

무서운 요정들

세이렌*은 반은 새, 반은 소녀인 바다 요정이에요. 세상에서 가장 아름다운 노래를 불렀지요. 세이렌의 노랫소리에 홀린 뱃사람들은 자신도 모르게 다가갔다가 그들의 먹이가 되고 말았어요.

"랄랄라 랄랄라!"

* 세이렌은 2,000년 전 고대 그리스의 이야기에 등장하는 요정이에요.

외눈박이 식인 괴물, 키클롭스

키클롭스는 그리스 신화에 나오는 외눈박이 거인이에요. 거대하고 단단한 몸에 비해 두뇌가 아주 작아서 어리석었지요. 그리스의 영웅 오디세우스를 잡아먹으려고 동굴에 가뒀지만, 오히려 그에게 속아 눈이 멀게 되었어요. 키클롭스의 어마어마한 덩치와 힘도 인간의 두뇌를 당해 낼 수는 없었어요.

키클롭스의 정보

- 뜻: 느릿느릿 움직이는 외눈 거인
- 크기: 어마어마함.
- 사는 곳: 고대 그리스
- 능력: 난폭하고 잔혹함.

키클롭스는 식인 괴물이었어요. 사람을 가볍게 낚아채서 산 채로 잡아 먹었지요.

성경에 등장하는 거인 골리앗은 키가 3미터나 되었어요.

"크고 날카로운 도끼를 살 거야!"

번쩍번쩍!

동화 속 거인

동화 『잭과 콩나무』의 주인공 잭은 하늘까지 자란 콩나무 줄기를 타고 올라가 거인이 사는 궁전에 도착했어요. 거인은 탐욕스럽고 식탐이 많았고, 냄새에 민감했어요. 잭이 거인으로부터 어떻게 살아남았냐고요? 거인의 부인이 잭을 가엾게 여겨서 도와주었답니다.

세계에서 가장 키 큰 사람

우리 주변에도 보통 사람보다 키가 큰 사람들이 있어요. 1982년 터키에서 태어난 농부 술탄 코센은 세계에서 가장 키 큰 사람으로 기록되었어요.

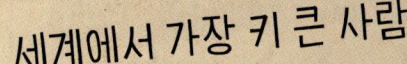

술탄 코센의 키는 2미터 47센티미터였어요.

거인을 잡은 소년

거인 전사 골리앗은 이스라엘 사람들과 40일 동안 싸움을 벌였어요. 누구도 대적할 자가 없었는데, 다윗이 나섰어요. 다윗은 새총과 조약돌 하나로 골리앗을 쓰러뜨렸어요.

"돌멩이 맛 좀 볼 테냐?"

84 전설 속의 괴물, 크라켄

노르웨이의 전설에 따르면 바닷속 깊은 곳에 엄청난 힘을 가진 괴물이 살고 있었대요. 괴물의 이름은 크라켄! 몸집은 웬만한 섬보다 크고, 생김새는 마치 대왕오징어 같았지요. 울룩불룩한 몸으로 헤엄치면 거대한 소용돌이가 일어났고, 꾸물럭거리는 긴 다리의 빨판은 커다란 배를 바다 밑바닥으로 끌어당길 만큼 강력했대요.

크라켄의 정보

- 생김새: 대왕오징어와 비슷함.
- 크기: 20미터 이상
- 주무기: 촉수, 날카로운 입
- 사는 곳: 대서양과 북극해
- 능력: 배를 부수고 선원들을 익사시킴.

크라켄은 작은 물고기를 삼켰다가 다시 뱉어요. 이걸로 큰 물고기를 유인해 잡아먹지요.

으악, 크라켄이 나타났다!

첨벙첨벙!

크기로는 1등

실제로 존재하는 대왕오징어의 몸길이는 14미터나 돼요. 긴 다리에는 갈고리 같은 빨판이 달려 있고, 눈은 어떤 생물보다 커요.

약탈자 X
아그작!

2008년, 선사시대 파충류였던 플리오사우루스의 화석이 발견되었어요. 무려 1억 4,700만 년이나 된 화석이었지요. 플리오사우루스는 몸길이가 15미터나 되고, 강한 턱과 아주 날카로운 이빨을 가지고 있었어요.

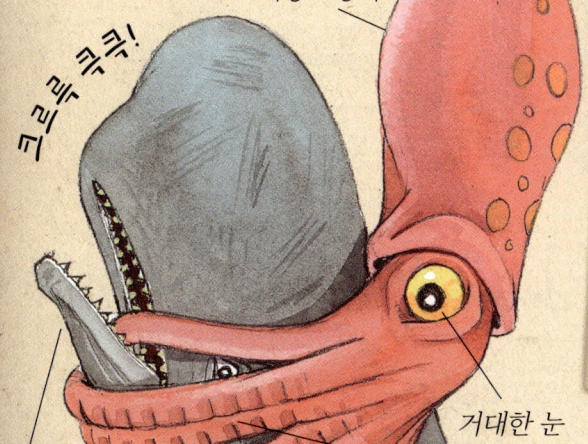

피길릭 큭큭!

대왕오징어
거대한 눈
다리
흰긴수염고래

바다를 끓게 하고, 태양을 삼킨다고?

성경에 등장하는 괴물 리바이어던은 바다를 끓어오르게 할 만큼 덩치가 컸고, 태양을 삼킬 수 있을 만큼 높이 뛰어올랐다고 해요.

내가 덩치는 커도 성격은 좋아!

머리는 황소, 몸은 사람인 괴물 미노타우로스

그리스 신화에 나오는 미노타우로스는 황소의 머리에 사람의 몸을 가진 괴물이었어요. 마음속에 슬픔과 화가 가득해서 늘 난폭하고 예민했지요. 크레타섬의 미노스왕은 미노타우로스를 가둬 두려고 아주 복잡한 미로 궁전을 지었어요.

황소의 머리와 뿔

씨익씨익!

미노타우로스의 정보

- 생김새: 머리는 황소, 몸은 사람
- 크기: 성인 남자
- 주무기: 초인적인 힘
- 사는 곳: 그리스 크레타섬
- 능력: 사람 잡아먹기

미노타우로스에게 해마다 7명의 소년과 7명의 소녀를 제물로 바쳤대요.

난 숨만 쉬고 있어도 화가 나! 왜 그럴까?

인간의 몸

이얍!

인간의 머리에 사자의 몸, 만티코어

미노타우로스처럼 만티코어도 반인반수였어요. 페르시아 신화에 나오는 만티코어는 인간의 머리에 사자의 몸, 그리고 치명적인 독을 품은 전갈의 꼬리를 달고 있었어요.

으르릉!

만티코어는 인간의 악한 면을 상징한대요.

미노타우로스를 물리친 영웅

그리스 신의 아들이자 왕자이며, 운동과 춤에 뛰어났던 테세우스는 실타래를 풀어 가면서 미로 궁전에 들어갔어요. 미노타우로스를 죽인 뒤에는 풀어 놓은 실을 따라 미로에서 나왔지요. 테세우스는 미로 궁전에 들어갔다가 살아나온 유일한 사람이었어요.

죽음의 춤

맹렬하게 날뛰는 황소의 뿔을 잡고 등 위에서 공중제비를 돌아요. 안전하게 착지한다면 아주 운이 좋은 거예요. 만약 죽게 되면 그리스 신에게 제물로 바쳐졌어요.

기원전 2000년경 미노스의 궁전에 그려진 황소 무희의 그림

눈 속의 거인, 예티

"내가 사람이랑 비슷하다고? 너무 자존심 상하는데…."

사람과 비슷한 넓적한 얼굴

곰처럼 생긴 거대한 가슴

길고 강한 팔

두껍고 북슬북슬한 털

엄청나게 큰 발

예티는 선사 시대의 인간이라는 이야기도 있고, 알려지지 않은 유인원이라는 이야기도 있었어요. 100년이 넘는 세월 동안 사람들은 예티의 정체를 궁금해했어요. 눈 덮인 산에 찍힌 발자국을 봤다는 사람도 있고, 그런 괴물은 세상에 있을 수 없다는 사람도 있었어요.

예티의 정보
- 생김새: 털북숭이, 거대한 발, 넓적한 얼굴
- 크기: 3미터
- 주무기: 몰래 다니기, 엄청난 힘
- 사는 곳: 티베트, 중국, 인도에 걸친 히말라야산맥
- 능력: 말이나 야크 타기, 설원에서 살아남기

예티가 사람들을 납치해서 애완동물처럼 기른다고 주장하는 사람도 있었어요.

정체 모를 발자국

1832년부터 히말라야산맥을 다녀온 유럽 탐험가들은 눈 위에 정체 모를 발자국을 남긴 야생 동물을 보았다고 해요.

우린 절대 거기까지는 못 올라가요!

빅풋

길이 60센티미터, 폭 20센티미터의 커다란 발자국을 남긴 생명체의 정체는 바로 빅풋이에요. 빅풋은 예티와 비슷한 괴물로, 북아메리카의 북서쪽에 산다고 알려졌어요.

빅풋을 실제로 봤다는 사람도 있어요. 털이 북슬북슬하고 키가 3미터나 되는 괴물이 1967년 미국 캘리포니아주에서 찍은 영상에 나타나기도 했어요. 하지만 진짜인지 가짜인지 아무도 몰라요.

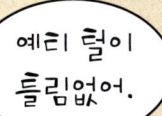

예티 털이 틀림없어.

예티의 털 뭉치

탐험가들이 티베트의 한 수도원에서 예티의 털 뭉치를 발견했어요. 그들은 흥분과 기쁨에 들떴어요. 하지만 2008년 과학자들에 의해 히말라야 영양의 털로 밝혀졌어요. 히말라야 영양은 염소와 비슷하게 생긴 동물이에요.

87 보름달이 뜨는 밤에 변신하는 늑대인간

우리 몸이 동물로 변한다면 어떤 기분일까요? 보름달이 뜨는 밤, 늑대인간에게는 이런 일이 일어나요. 그들은 평범한 사람이었다가 한순간에 털이 북슬북슬 돋아나고, 송곳니가 날카로워지고, 침을 질질 흘리며 배고픔에 허덕이게 되지요. 특히 동물 시체를 보면 더 그렇게 된대요.

늑대인간의 정보

- 생김새: 사람처럼 서 있는 늑대
- 크기: 덩치 큰 늑대
- 주무기: 날카로운 송곳니와 강한 턱
- 사는 곳: 유럽과 북아메리카
- 능력: 살인, 시체 먹기, 어린이 납치

암컷 늑대인간에게는 독 발톱이 있었어요. 쳐다보는 것만으로도 어린아이들을 죽일 수 있었대요.

아우~ 으르렁 그르렁!

늑대인간을 죽일 수 있는 무기는 은으로 만든 총알뿐이에요.

늑대인간 조심하기

다음과 같은 신체적 조건을 가진 사람은 늑대인간일 수 있어요.

- 길고 휘어진 손톱
- 아래쪽에 달린 귀
- 일자 눈썹
- 혀 밑의 털

내 손톱이랑 눈썹이…. 나도 늑대인간인가?

늑대인간이 되는 법

- 늑대인간에게 물리기
- 마법 연고 바르기
- 특별한 마법 약 마시기
- 성직자에게 저주받기
- 늑대인간의 발자국에 고인 물 마시기
- 늑대 가죽 벨트 차기
- 보름달 아래 야외에서 잠자기

늑대인간에게 물려야….

피보다 비가 좋아

세계 여러 곳의 신화에는 늑대인간과 비슷하게 생긴 괴물이 많이 등장해요. 가장 유명한 괴물은 '재규어 인간'이에요. 남아메리카의 올메카 문명 신화에 나오는 괴물인데, 반은 재규어이고 반은 사람이에요. 재규어 인간은 사람의 피 대신 비를 좋아했어요.

- 갈라진 머리
- 송곳니를 드러낸 입
- 동물의 앞발 같은 손

기원전 1000년경에 만들어진 올메카 문명 유물 조각

늑대 전사

북유럽 신화에는 '울프헤딘'이라는 전사들로 구성된 특수 부대가 등장해요. '베르세르크'라고도 하는데, 진짜 늑대처럼 보이려고 늑대 가죽을 쓰고 싸웠어요. 그들은 개나 늑대처럼 적의 방패를 물어뜯었고, 곰이나 들소처럼 힘이 셌대요.

아우!

머리카락이 뱀인 메두사

그리스 신화에 등장하는 메두사는 원래 굽이치는 곱슬머리가 아름다운 소녀였어요. 소녀는 자신의 아름다움에 취해 지혜의 여신 아테나만큼 자기가 아름답다고 떠들고 다녔어요. 화가 난 아테나 여신은 메두사의 머리카락을 뱀으로, 이는 멧돼지의 송곳니로, 손은 차가운 청동으로 만들어 버렸어요. 또 누구든 메두사와 눈을 마주치면 돌로 변하게 만들었지요.

쉭쉭

퉤!

나한테 말할 때는 눈을 보란 말이야!

메두사의 정보

- 생김새: 섬뜩한 두 눈, 날름대는 혀, 섬뜩한 미소
- 크기: 키 큰 여자 정도
- 주무기: 뱀 머리카락, 뾰족한 송곳니, 청동 손, 황금 날개
- 사는 곳: 고대 그리스
- 능력: 목숨을 앗아 가는 눈빛

메두사는 자신의 피 한 방울로 사람을 죽일 수 있었어요. 이 피는 반대로 효과가 아주 뛰어난 약이 될 수도 있었어요.

"좀 더 앞으로! 난 준비 다 됐어!"

방패를 거울로!

그리스의 영웅 페르세우스는 돌로 변하지 않기 위해 방패를 거울로 사용했어요. 그래서 메두사와 눈을 마주치지 않고 목을 벨 수 있었지요.

죽은 메두사라도 머리는 무서워!

그리스의 여신 아테나는 메두사의 머리를 자신의 갑옷에 달고 다녔어요. "나는 아무것도 거칠 것이 없고 위험한 존재이다! 썩 물러나라!"라는 무시무시한 경고였지요. 그리스 신전에도 메두사의 머리가 조각되었는데, 사악한 기운이 스며드는 것을 막기 위해서였대요.

메두사 해파리

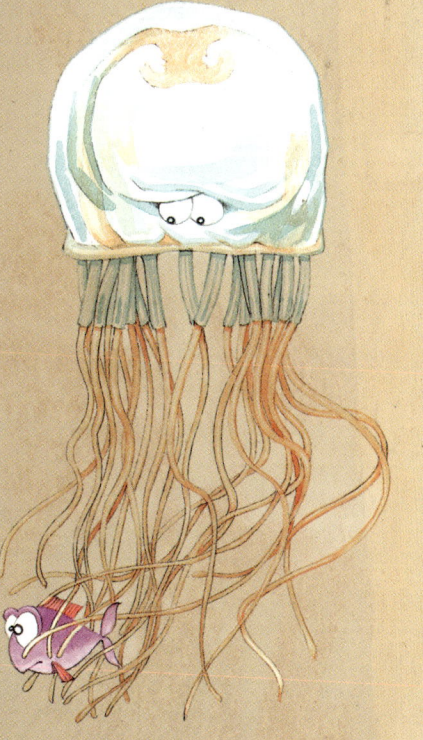

'메두사'라고 불리는 해파리가 있어요. 길고 흐느적거리는 촉수가 메두사의 머리카락과 닮았거든요.

수탉과 뱀의 만남

유럽의 신화와 전설에 등장하는 바실리스크는 수탉이 품은 뱀의 알에서 태어났어요. 불을 뿜고 독성이 강한 점액을 흘리고 다녔대요.

"캬아악!"

193

89 피를 빨아 먹는 뱀파이어

뱀파이어는 죽어서도 편히 쉬지 못하고, 신선한 피를 구하기 위해 세계를 누비고 다녔어요. 자기 때문에 얼마나 많은 사람이 죽는지는 신경 쓰지 않았지요. 뱀파이어는 오랫동안 사람들의 혐오와 공포의 대상이었어요.

박쥐의 날개 같은 음침한 망토

으하하하하하!

가까이 와! 더 가까이! 나 좋은 사람이야!

뱀파이어의 정보

- 생김새: 시체 같은 창백한 얼굴 (혹은 검붉은 피부), 이글거리는 눈, 털이 북슬북슬한 손바닥
- 크기: 비쩍 마른 몸부터 퉁퉁 부은 몸까지
- 주무기: 뾰족한 송곳니, 날카로운 손톱, 사악한 미소
- 사는 곳: 동유럽 출신이지만 전 세계에 퍼져 있음.
- 능력: 피 빨아 먹기

뱀파이어에게 단 한 번만 물려도 뱀파이어가 되고 말아요.

올빼미는 불길해!

고대 로마 신화에 따르면 올빼미는 한때 여자였어요. 그런데 사람의 고기와 피를 먹는 바람에 야행성 새가 되었대요.

올빼미를 보면 불행한 일이 생긴다고 믿었어요.

뱀파이어를 막아라!

뱀파이어는 마늘을 싫어하고 흐르는 물을 건널 수 없대요. 뱀파이어에게 물리지 않는 방법은 그들이 입맞춤하거나 물 수 없도록 가까이 가지 않는 거예요.

아이들의 피를 마시는 악마

멕시코의 아즈텍 문명 신화에는 밤의 악마 치우아테오틀이 등장해요. 그들은 아이들을 납치해 미치게 해서 아이들의 피를 마셨다고 해요.

피를 빨아 먹는 곤충

모기나 벼룩 같은 작은 곤충도 사람의 피로 축제를 벌여요. 이런 곤충들에게 물리면 가렵고 피가 날 뿐 아니라 무서운 질병에 감염되기도 해요.

작다고 얕보지 마! 뱀파이어보다 무서울 수 있어!

간질간질!

행운과 불운의 상징, 용

용은 신비스러운 존재일까요, 무서운 괴물일까요? 힘과 지혜를 갖춘 용은 사람들을 도와주기도 하고 해를 끼치기도 했어요. 중국을 비롯한 동양 신화에 나오는 용은 주로 사람들을 지켜 주고 이끌어 주는 역할을 했어요. 물론 화가 났을 때는 무시무시하게 돌변했지요. 반면 서양에서 용은 악하고 위험한 존재로 통했어요. 사람들을 납치해서 잡아먹고, 불을 내뿜어 모든 것을 날려 버렸지요. 지독한 냄새를 풍기기도 했어요.

중국 용

용의 정보
- 생김새: 다리가 네 개 달린 커다란 뱀
- 크기: 누에처럼 작은 것부터 하늘을 덮을 만큼 커다란 것까지 다양함.
- 주무기: 날카로운 이빨과 발톱
- 사는 곳: 하늘 위 먹구름 속
- 능력: 날씨 바꾸기, 황제 지키기, 투명하게 변신하기, 빛 뿜어내기

용이 화가 나면 한 나라를 휩쓸 정도의 거대한 해일이나 홍수를 일으켰대요.

크르릉!

포악한 용

서양에서 용은 사납고 포악한 괴물로 통했어요. 악행을 저지르면서 기쁨을 느꼈고, 보물을 차지하기 위해 사람을 마구 죽였거든요.

이 보물은 다 내 거야!

머리가 몇 개야?

그리스 신화에는 영웅 헤라클레스가 괴물 히드라와 싸우는 이야기가 나와요. 히드라는 머리가 수백 개 달린 용이었어요. 머리를 하나 베어 내면 잘린 부분에서 더 많은 머리가 자라나는 괴물이었지요.

캬악!

쉬이이이익!

꼬리를 놓으면 안 돼!

북유럽 신화에는 요르문간드가 등장해요. 이 용은 자신의 몸으로 지구를 한 바퀴 감고, 입으로 자신의 꼬리를 물고 있대요. 용이 꼬리를 놓아 버리면 세상에 종말이 온다고 믿었어요.

크으으앙!

영국의 영웅

영국의 성 조지는 용을 죽인 영웅으로 유명해요. 하지만 영웅을 칭송하기 위해 만들어 낸 이야기예요. 조지는 실존 인물도 아니었어요.

퍽!

197

4장 수상한 사건 사고

초자연적 현상, 이상한 저주,
그리고 사라지는 배들!
머리카락이 쭈뼛 서고
비명을 지르게 될지 몰라요!

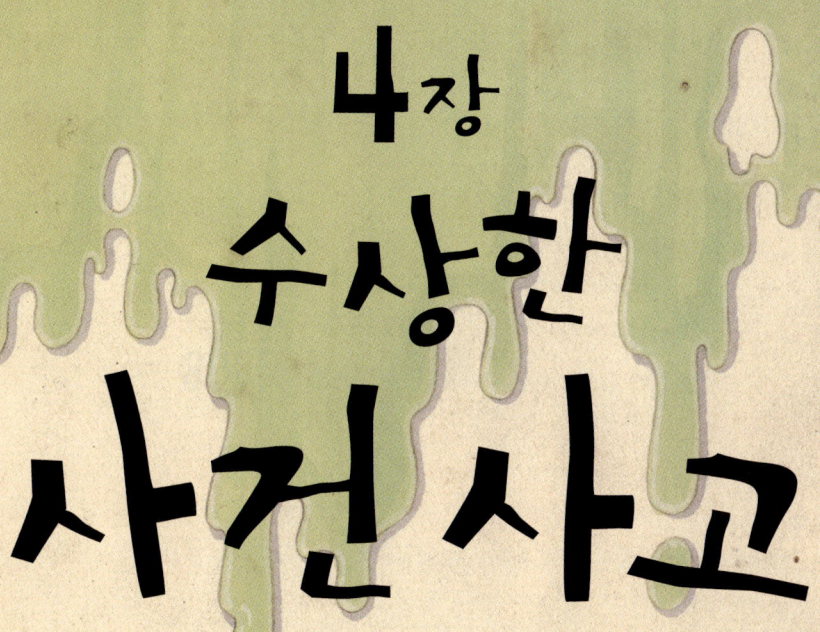

무인도에 세워진 라파 누이

우리는 모아이라고 해. 모두 887개지.

1722년 태평양을 건넌 네덜란드 선원들이 해안가에 도착했어요. 그들은 이 섬에 도착한 최초의 유럽인들이었어요. 선원들이 가장 먼저 발견한 것은 거대한 석상들이었어요. 해변을 따라 줄지어 선 석상들이 선원들을 내려다보고 있었지요. 사람 하나, 나무 한 그루 없는 척박한 황무지에 어떻게 이 석상들이 세워졌던 걸까요?

너희를 누가 만들었니?

라파 누이의 정보

- 이름: 라파 누이(이스터섬)
- 위치: 칠레 산티아고에서 4,000킬로미터 떨어진 태평양
- 시기: 1600년~1800년경
- 의문점: 문명 붕괴, 원주민 사망
- 설득력 있는 추측: 지나친 벌목으로 인한 환경 파괴

이스터섬 원주민들은 너무 굶주린 나머지 서로를 잡아먹었대요.

도대체 어떻게 온 걸까?

1955년과 1956년 사이, 노르웨이의 탐험가 토르 헤위에르달은 뗏목 '콘 티키'를 타고 남아메리카에서 출발해 이스터섬 근처에 도착했어요. 그는 이스터섬에 처음 정착한 원주민들도 그랬을 거라고 생각했어요. 하지만 과학자들은 그럴 가능성이 없다고 해요.

서로를 잡아먹었다고?

이스터섬에서 발굴 작업을 한 고고학자들은 굶주린 사람들이 남긴 자국과 도살된 인간의 뼈를 발견했어요. 하지만 섬 주민들이 쓰던 문자인 롱고롱고어를 해독할 수 없어 이 유적은 아직도 베일에 싸여 있어요.

도살된 뼈야!

나무가 없으면 식량도 없다!

이스터섬 주민들은 울창한 숲 덕분에 배를 만들고 농사를 지을 수 있었어요. 그런데 나무를 다 베어 버려 배를 만들 수도, 곡식을 키울 수도 없게 되었어요. 결국 그들은 굶어 죽고 말았어요.

우주에서 온 폭탄?

1908년 러시아 북쪽의 시베리아 지역에 불가사의한 운석(혹은 혜성)이 떨어져 큰 폭발이 일어났어요. 번쩍이는 푸른빛과 폭발음에 나무 8,000만 그루가 쓰러졌지요. 이로 인해 축구장 면적의 약 3분의 1에 달하는 지역이 사막화되었어요.

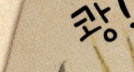

쾅!

물이 없으면 삶도 없다!

남아메리카의 나스카 사람들은 대단한 화가들이었어요. 그들은 돌처럼 딱딱한 바닥에 거대한 그림을 그렸어요. 하지만 700년경에 작품 활동을 멈추었어요. 오랜 가뭄과 물 때문에 전쟁이 벌어져 모두 떠나고 말았거든요.

눈 속에서 시체가 발견된 디아틀로프 협곡 사건

구조팀은 뼛속까지 파고드는 추위를 뚫고 러시아의 협곡을 헤맸어요. 그들은 불가사의하게 사라진 어린 스키 선수들을 찾는 중이었어요. 드디어 선수들이 머물렀던 텐트를 발견했어요. 텐트는 여기저기 찢겨 있었고, 조금 떨어진 곳에서 시체들이 발견되었어요. 동상으로 시커멓게 변한 손을 보니, 눈 속을 기어가다가 얼어 죽은 것 같았어요. 두개골이 부서지고, 갈비뼈가 부러지고, 혀가 없는 시체들도 발견되었어요.

디아틀로프 협곡 사건의 정보

- 위치: 러시아 우랄산맥의 한 협곡
- 시기: 1959년
- 사건 내용: 젊은 스키 선수 9명의 죽음
- 유력한 가설: 눈사태. 하지만 확실하지 않음.

죽은 스키 선수들의 시체는 밝은 주황빛이었어요. 머리카락은 하얗게 새어 버렸고요. 그들이 죽은 날 밤하늘에서 섬광이 보였다고 해요.

디아틀로프 협곡의 기온은 영하 25도 이하였어요.

설인의 습격?

디아틀로프 협곡에 거대하고 털이 북슬북슬한 설인이 산다는 전설이 있었어요. 이 야생 괴물이 선수들을 죽인 걸까요? 그렇지는 않은 것 같아요. 발자국도 발견되지 않았거든요. 그보다 저체온증으로 죽었을 가능성이 훨씬 커요.

괴물보다 무서운 저체온증

사람의 체온이 35도 이하로 내려간 상태를 '저체온증'이라고 해요. 저체온증 상태가 계속되면 목숨을 잃을 수 있어요. 저체온증이 생기면 이런 증상이 나타나요.

- 오한, 소름
- 손발 마비
- 구토, 시야가 흐려짐.
- 몸이 따뜻해지는 느낌
- 행동이 느려지고 정신이 혼미해짐.
- 격렬한 떨림과 창백한 안색
- 어지럼증, 의식 불명

무기 실험의 희생양일까?

죽은 스키 선수들을 조사해 보니, 옷에서 다량의 방사능이 검출되었어요. 혹시 선수들이 무기 실험이 진행되는 구역으로 들어섰던 것은 아닐까요?

쾅!

치명적인 방사선

범인은 청소동물

1960년 즈음 미국에서 혀 없는 소의 사체들이 발견되자, 외계인이나 정신병자들을 의심했어요. 그런데 이런 경우 범인은 시체의 부드러운 살부터 먹어 치우는 청소동물인 경우가 많았어요.

93 유럽을 휩쓴 춤 전염병, 죽음의 춤

여기 난폭하고, 피에 물들고, 지쳐 버린 사람들이 공연을 시작해요. 점잖은 남자들, 아름다운 여자들, 귀여운 아이들이 거리를 누비며 숨이 끊어질 때까지 춤을 추어요. 15세기 사람들은 전쟁과 굶주림, 흑사병에 지쳤고, 심한 죄의식에 사로잡혀 있었어요. 어렵고 힘든 시절을 견디느라 모두 미쳐 버린 걸까요?

죽음의 춤에 대한 정보

- 위치: 유럽
- 시기: 1400년대~1600년대
- 의문점: 왜 죽을 때까지 춤을 추었을까?
- 유력한 가설: 집단 광기

사람들은 발바닥이 벗겨져 피가 날 정도로 뛰고 흔들었어요. 난폭한 야생 동물처럼 미쳐 날뛰었지요.

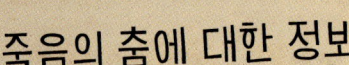

춤추는 이유라도 알고 싶어.

다리가 아파서 죽겠어!

야옹!
쉬익!

무서워서 춤추는 사람들

곡식에 핀 독성 곰팡이

흑사병 같은 질병은 공포심을 일으켰어요. 갑작스러운 죽음이 두려운 사람들은 미친 듯이 날뛰다가 정신을 잃었고, 히스테리를 일으켰어요. 천연 독성 물질도 헛것을 보이게 하거나 팔다리에 경련을 일으켜요. 하지만 춤을 추게 하진 않아요.

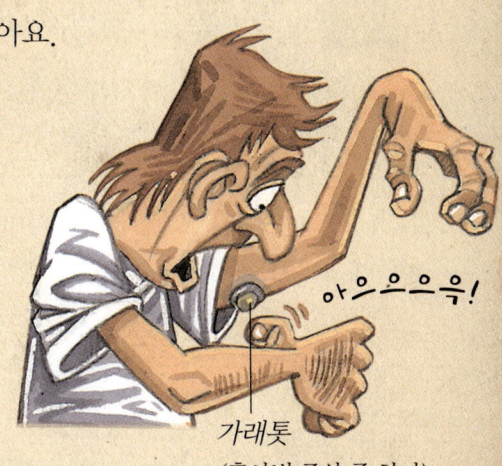

아으으으윽!

가래톳
(흑사병 증상 중 하나)

수녀님, 그러면 안 돼요!

오래전 유럽 사람들은 마녀와 마법의 존재를 믿었어요. 심지어 수녀들도 믿을 정도였어요. 1491년 에스파냐의 몇몇 수녀가 고양이처럼 기어 다니고 벽을 오르내렸어요. 그 수녀들은 자신에게 악마가 씌었다고 믿었대요.

춤을 추며 사라진 아이들

1284년 한 남자가 피리를 불어 쥐들을 유인해 사람들을 구했어요. 하지만 마을 사람들이 그 대가를 지불하지 않자, 사나이는 다시 피리를 불었어요. 이번에는 마을 아이들 중 단 두 명만 빼고 사나이를 따라 동굴로 들어갔어요. 그 뒤 아이들을 볼 수 없었어요. 이 사건은 『하멜른의 피리 부는 사나이』라는 동화로 지어졌어요.

이 모든 사건은 나로부터 시작됐지!

94 야생 소년 빅터

가엾은 빅터는 부모가 누구인지, 어디에서 태어났는지 아무도 알지 못해요. 그저 어느 날 숲에서 나무뿌리와 도토리를 먹던 채로 발견되었어요. 벌거벗은 빅터는 12살 남짓이고, 아주 지저분했어요. 말을 하지 못했고, 개처럼 사람들의 냄새를 맡았어요. 사람들은 큰 도시로 데려가 '문명화된' 행동을 가르치려 했지만 실패했어요. 그 뒤 빅터는 40세에 세상을 떠났어요.

야생 소년 빅터의 정보

- 위치: 프랑스
- 시기: 1800년
- 의문점: 야생에서 생존한 점
- 유력한 가설: 정신적인 장애 때문에 부모에게 버림받았을 것으로 짐작됨.

빅터는 야생 동물처럼 대소변을 가리지 못했어요. 그래서 화장실 사용하는 법부터 배웠어요.

늑대 인간이 세운 로마

로마를 세운 쌍둥이 형제, 로물루스와 레무스는 늑대 밑에서 자랐어요. 야생 동물처럼 난폭했지요. 둘은 역사에 남을 나라를 세웠지만, 결국 로물루스가 레무스를 죽였어요. 도시는 로물루스의 이름을 따서 로마라고 했어요.

늑대소년 이야기

1894년 러디어드 키플링이 쓴 동화 『정글 북』은 인도 정글에 사는 늑대소년과 동물들의 이야기예요. 동화 속 늑대소년과 동물들은 문명 세계에 사는 인간보다 훨씬 친절하고 현명했어요.

천사야, 악마야?

1800년경 학자들은 어린이의 행동에 대해 열심히 연구했어요. 어떤 학자들은 어린이들이 늑대소년 빅터처럼 선천적으로 거칠고 원시 상태라고 주장했어요. 또 다른 학자들은 선하게 태어나지만, 어른들한테 나쁜 행동을 배운다고 주장했어요.

이야기와 다른 현실

야생 동물은 어린이들에게 친절하거나 다정하지 않아요. 『빨간 모자』 같은 전래 동화가 괜히 나온 게 아니에요. 이런 동화들은 어린이들에게 야생의 장소에 함부로 가지 말라고 경고하기 위해 지어진 것이기도 해요.

누구 말이 맞을까?

나랑 친해지고 싶다고? 흐흐흐. 그럴까?

95. 공포심이 만들어 낸 환상, 필라델피아 실험

상상해 보세요. 지금은 전쟁 중이고, 당신은 미국 해군 기지에 있어요. 바로 옆에는 USS엘드리지호라는 배가 있고요. 그런데 번쩍하는 불빛과 함께 배가 사라지고 말았어요! 10초 뒤, 배는 서서히 다시 나타났어요. 어떤 선원들은 선체에 딱 달라붙어 있었고, 또 어떤 선원들은 정신을 잃었어요. 심지어 사라진 사람들도 있었어요.

필라델피아 실험의 정보

- 시기: 1943년
- 장소: 미국 필라델피아
- 사건 내용: 잠시 사라졌다가 다시 나타난 USS엘드리지호
- 유력한 가설: 전쟁의 공포심이 만들어 낸 환상, 근거 없는 소문

이 소문이 떠돌자 사람들은 새로운 무기가 곧 세상을 휩쓸 거라고 두려워했어요.

투명 군함이라니?

1957년 휘갈겨 쓴 쪽지가 미국 해군 사령부에 날아들었어요. 쪽지에는 과학자들이 USS엘드리지호를 투명하게 만드는 실험을 했다고 쓰여 있었어요. 실험이 실패로 돌아가자 모든 것이 일급비밀로 봉인되었다고요. 이야기는 사실이 아니었지만, 수백만 명이 믿었어요.

사라지진 않았어!

필라델피아의 해군 기지에서 군함에 수백억 볼트의 전류를 흘렸어요. 군함 주위의 자기장에 큰 변화가 일어났지요. 수중 기뢰가 군함을 탐지하지 못했지만, 배가 눈앞에서 사라지진 않았어요.

> 푸른 안개로 변해 사라지라고? 가능한 명령을 내려!

아인슈타인에게 영감을 받았을까?

20세기의 가장 위대한 과학자 앨버트 아인슈타인은 공간과 빛, 시간을 구부리거나 늘릴 수 있다는 상대성 이론을 제시했어요. 어쩌면 이 이론에 영감을 받은 누군가가 이야기를 만들어 냈는지도 몰라요.

> $E = mc^2$

노려본다고 죽을까?

필라델피아 실험은 없었지만, 미국 육군이 이상한 실험을 한 적이 있어요. 1970년대에 정신력만으로 사람을 죽일 수 있는지를 실험했어요. 군인들은 날마다 몇 시간씩 집중해서 염소를 노려보아야 했대요.

> 항복! 제발 그만 노려봐요!

배와 비행기가 사라지는 버뮤다 삼각지대

버뮤다 삼각지대를 들어 봤을 거예요. 배와 비행기가 그곳에만 가면 흔적도 없이 사라져 버린다는 소문 말이에요. 하지만 1975년 통계 조사를 통해 버뮤다 삼각지대에서 다른 지역보다 사고가 더 많이 일어나는 건 아니라고 밝혀졌어요.

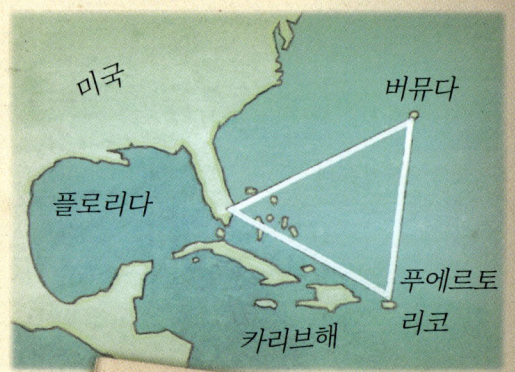

버뮤다 삼각지대의 정보
- 시기: 1945년~1975년
- 장소: 미국 동남부 해안과 버뮤다제도 사이의 바다
- 사건 내용: 선박과 항공기의 실종
- 유력한 가설: 자극적인 이야기를 팔고 싶어 하는 기자들이 만든 이야기

버뮤다 삼각지대는 '악마의 삼각지대' 라고도 불려요. 사람들이 어마어마한 공포를 느꼈다는 걸 알 수 있지요.

곧 버뮤다 삼각지대야! 조심해!

우리가 사라지면 어디로 가는 걸까?

외계인의 공격이라고?

버뮤다 삼각지대가 처음 나온 것은 비운의 항공기 19호 이야기에서였어요. 1945년 미국 해군 소속 비행기 5대가 갑자기 사라졌어요. 조종사들의 실수로 바다에 추락했을 가능성이 컸지요. 하지만 몇몇 기자들은 외계인의 공격이 있었다고 주장했어요.

자연재해라고?

다른 기자들은 허리케인이나 높은 파도, 급격한 조류 변화나 해저에서 분출된 천연가스의 거품 때문에 버뮤다 삼각지대를 항해하는 배들이 난파되었다고 추정했어요. 설득력 있는 주장이었지만 증명하지는 못했어요.

버뮤다 삼각지대를 강타한 허리케인

윙윙윙!

쿠르르쾅!

로마 제9군단은 어디로?

117년 영국의 요크 지방에서 행군을 시작한 로마 제9군단이 사라졌다는 소문이 퍼졌어요. 하지만 이들은 사라진 것이 아니라 적군과 싸우다가 전멸한 것이었어요.

우리보다 센 군대는 없어. 자신 있지?

자신은 있는데 힘이….

97 투탕카멘의 저주로 알려진 카나번 경의 죽음

1922년 투탕카멘의 무덤에서 발견된 황금 보물은 전 세계를 깜짝 놀라게 했어요. 얼마 안 가 발굴 작업을 금전적으로 지원했던 카나번 경의 죽음은 더 큰 놀라움을 주었어요. 사람들은 무덤 발굴과 카나번 경의 죽음을 연관 지어 "투탕카멘의 불가사의한 저주가 그를 죽였다!"라고 떠들어 댔어요.

투탕카멘의 저주 정보

- 시기: 1922년 이후로 계속
- 장소: 이집트에 있는 왕들의 계곡
- 사건 내용: 무덤을 발굴한 고고학자들의 죽음
- 유력한 가설: 카나번 경의 죽음은 우연일 뿐, 무덤의 저주는 자극적인 이야깃거리에 지나지 않음.

고대 무덤에서는 지금도 치명적인 박테리아와 독성을 지닌 가스가 종종 나와요.

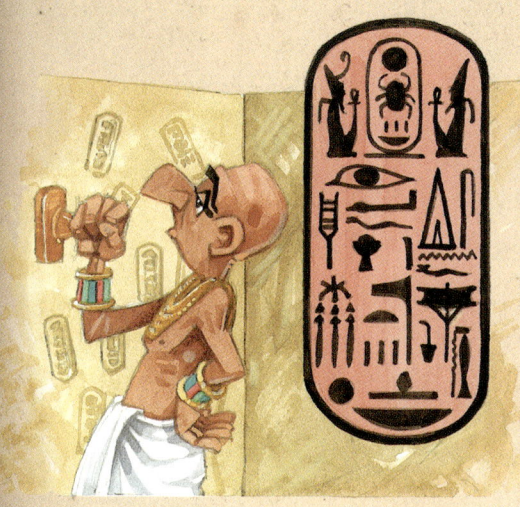

저주를 부르는 보물

엄청난 보물은 지켜보는 사람들에게 질투심을 불러일으켜요. 가끔은 질투를 넘어 나쁜 소문을 퍼뜨리게 되지요. 그런데 나쁜 소문이나 저주는 대개 보물을 파는 상인들이 지어낸 거예요. 불가사의한 저주는 사람들의 관심을 높여 가격을 올리고 장사에 도움을 주기 때문이지요.

아름다운 푸른빛을 띤 호프 다이아몬드에는 프랑스의 왕 루이 14세가 사들인 이후부터 재앙을 불러온다는 저주의 꼬리표가 붙었어요. 오늘날 이 보석의 가치가 3,000억 원이나 된대요.

축복의 문구

고대 이집트 무덤의 입구에는 마법의 주문이나 종교적인 문구가 새겨져 있어요. 그것은 저주가 아니라 죽은 사람들이 사후 세계에서 잘살 수 있도록 축복하는 문구였어요.

저주보다 무서운 모기

카나번 경은 오랫동안 건강이 좋지 않았어요. 그러던 어느 날 모기에 물린 상처가 감염되어 죽은 거예요.

피라미드의 정체

고대 이집트의 피라미드는 수백 년 동안 호기심의 대상이었어요. 외계인의 건축물이라는 말도 있었고, 사라진 거인족의 발자취라는 말도 있었지요. 사실 피라미드는 이집트인들이 돌과 구리로 만든 도구로 피땀 흘려 지은 거예요.

벌써 다 지었네!

98 유령의 집으로 알려진 아미티빌 사건

1974년 미국 아미티빌의 한 집에서 비극적인 사건이 일어났어요. 이 집에 살던 청년이 자신의 부모와 형제들을 살해한 거예요. 몇 년 뒤 새로운 가족이 이사를 왔지만, 공포에 질려 28일 만에 떠나고 말았어요. 그들은 끔찍한 유령과 악마에게 쫓겨났다고 주장했어요. 정말 이 집에 악령이 있었던 걸까요? 아니면 가족의 집단 상상이었을까요? 사람들의 관심을 끌려고 지어낸 이야기는 아니었을까요?

사람들은 유령의 집을 보기 위해 앞다퉈 몰려들었어요.

누군가 지켜보고 있는 것 같아.

유령의 집 정보

- 장소: 미국 뉴욕주 롱아일랜드 아미티빌
- 시기: 1975년
- 사건 내용: 섬뜩한 유령이 출몰하는 집
- 유력한 가설: 사기극

이 집에 이사 온 가족의 막내는 돼지 얼굴을 한 유령에게 시달렸다고 했어요.

이야기가 된 이야기

새로 이사 온 가족들은 이상한 소리, 고약한 냄새, 들끓는 파리 떼와 초록색 끈끈이 때문에 괴로웠대요. 어둠 속에서 빛나는 붉은 눈동자와 악마의 발자국도 보았대요. 이 사건은 책과 영화로도 만들어졌어요.

학살 현장에 지어진 집이라고?

정체 모를 유령이 청년을 살인자로 만들고, 새로 이사 온 가족들까지 괴롭혔을까요? 아미티빌의 집이 아메리카 원주민이 대량 학살당한 곳에 지어졌다는데, 사실일까요? 그렇지 않아요. 역사적으로 그런 일이 일어난 적이 없거든요.

이사 좀 가요! 무섭다고요! 멍멍!

거꾸로 매달려 있을까?

영국의 연쇄 살인 사건

1888년 영국 런던은 연쇄 살인 사건으로 충격에 빠졌어요. 범인은 끝내 잡히지 않았고, 그에게는 칼잡이 살인광이라는 뜻의 '잭 더 리퍼'라는 별명이 붙었어요. 그가 사람이 아니라 괴물이라는 주장도 있었지요. 이 범죄가 인간이 저지른 것이라고 믿을 수 없어서였을 거예요.

 99 텅 빈 채로 항해하는 메리 셀레스트호

"저기 그 배가 나타났다!" 메리 셀레스트호가 화물을 잔뜩 실은 채 잔잔한 바다를 가로질러 왔어요. 그런데 조금 이상했어요. 선체가 기울어지고, 돛은 미친 듯이 휘날리고, 갑판에는 누구도 보이지 않았거든요. 마치 버려진 배처럼 말이지요.

> 술이 잔뜩 실려 있어!

> 어! 저러다 넘어지겠어!

메리 셀레스트호의 정보

- 시기: 1872년
- 장소: 포르투갈 근처의 대서양
- 사건 내용: 사람의 흔적이 없는 텅 빈 배가 나타남.
- 유력한 가설: 침몰 혹은 폭발의 가능성 때문에 선원들이 배를 버림.

선장의 두 살 된 딸이 타고 있었는데, 아기도 다른 사람들과 함께 사라졌다고 해요.

쉬이익!

하늘을 나는 유령선

바다에서 일어난 또 다른 불가사의한 사건이 있었어요. 수많은 뱃사람들이 이 유령선과 유령 선장을 보았다고 주장했어요. 이 네덜란드 유령선은 섬뜩한 불빛을 내뿜으며 갑자기 나타났어요. 사람들은 불운과 사나운 날씨의 징조로 보았어요. 하지만 신기루 현상일 가능성이 커요.

소용돌이에 휘말렸을까?

구조대가 메리 셀레스트호를 발견했을 때, 배에 물이 1미터쯤 차 있었어요. 선장의 침대부터 배의 나침반까지 모든 게 다 젖어 있었지요. 엄청난 파도에 휩쓸렸던 걸까요?

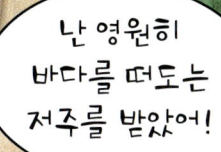

난 영원히 바다를 떠도는 저주를 받았어!

수중 무덤

메리 셀레스트호에 무슨 일이 일어났는지는 아무도 몰라요. 목격자도 없고 증거도 없어서 선원들의 생사도 미스터리예요. 구명정으로 탈출했다가 굶어서 죽었을지도 몰라요. 익사했을지도 모르고요.

안 들리는 척해!

 외계인의 지구 침공으로 알려진 로스웰 사건

외계인은 어떻게 생겼을까요? 커다란 몸에 푸른 피부? 작은 키에 빛나는 은색 피부? 친절할까요, 위험할까요? 영화나 텔레비전, 컴퓨터 게임에서 말고는 아무도 외계인을 본 적이 없어요. 미국의 로스웰 목장에서 있었던 이야기를 믿는다면 모르지만요.

로스웰 사건의 정보

- 시기: 1947년
- 장소: 미국 뉴멕시코주 로스웰
- 사건 내용: 외계인의 우주선이 불시착했다고 알려짐.
- 유력한 가설: 미국 국방성의 국가 기밀 장비 실험

진짜 비행접시였을까?

로스웰 목장에서 희한하게 생긴 고무와 은박지 덩어리가 발견되었어요. 외계인 비행접시의 일부였을까요? 미국 국방성 관계자의 주장처럼 적의 무기를 탐지하는 국가 기밀 스파이 풍선의 잔해였을까요?

번개일까, 비행접시일까?

제2차 세계 대전 때 연합군 조종사들은 유럽과 태평양 상공에서 밝게 빛나는 공 모양의 물체들이 하늘을 가로지르다가 사라지는 것을 목격했어요. '푸 파이터'라는 별명이 붙은 이 비행 물체는 어쩌면 발사된 로켓의 섬광이거나 번개일지 몰라요.

항공용 마네킹?

로스웰 사건에 등장한 외계인들은 어쩌면 불시착의 충격을 측정하기 위한 항공용 마네킹이었을지 몰라요. 아니면 공군 전투기에 타고 있다가 연료 탱크가 폭발하여 죽은 조종사일 수도 있고요.

인간들 말은 믿을 수 없어. 그럴싸한 거짓말만 하거든.

알기 쉽게 풀이한 용어들

- **가래톳:** 겨드랑이나 넓적다리 윗부분의 림프샘이 부어 생긴 멍울
- **가뭄:** 오랫동안 비가 내리지 않아서 메마른 날씨
- **가축:** 사람들에게 노동, 음식 또는 모피를 제공하기 위해 특별히 키운 동물
- **거미류:** 머리, 몸통, 다리 8개가 있는 절지동물(딱딱한 바깥 골격이 있는 동물)
- **경계석:** 경계를 표시하기 위해 세운 돌기둥. 이것을 함부로 옮기는 일은 큰 범죄 행위였다.
- **고고학자:** 과거 문명의 유적과 유물을 통해 옛 인류의 생활과 문화를 연구하는 학자
- **고대:** 역사 시대 구분의 하나. 원시 시대와 중세(5세기) 사이의 시대
- **금주령:** 1920년부터 약 10년간 미국에서 알코올의 생산과 판매를 금지한 일
- **대주교:** 대교구를 관장하는 가톨릭의 성직자
- **도굴꾼:** 무덤에서 시체를 훔치는 사람. 시체 도둑. 특히 의학 실험용으로 팔려고 도굴했다.
- **르네상스:** 14세기에서 16세기까지 유럽에서 예술이 크게 부흥한 시기
- **말라리아:** 병원균을 가진 학질모기에게 물려

감염되는 전염병. 의약품을 사용하지 않으면 생명이 위독할 수 있다.
- **멸종:** 더 이상 존재하지 않거나 살지 않는 것
- **무척추동물:** 등뼈가 없는 동물
- **바르바리 해안:** 북아프리카의 중서부 해안. 모로코, 알제리, 튀니지, 리비아의 해안 지역
- **박테리아:** 현미경으로만 볼 수 있는 작은 생물. 일부는 질병을 일으킬 수 있다.
- **발굴:** 과거 문명의 유적을 찾기 위해 땅을 파는 일
- **방사성 탄소 연대 측정:** 방사선을 이용해 유물이나 유적의 연대를 측정하는 방법
- **부두:** 항구에서 배를 대고 승객이 타고 내리거나 짐을 싣고 부리는 곳
- **사제:** 고대에 신을 대변해 말하고 종종 미래도 예측하는 사람
- **사카라:** 이집트 고대 도시 멤피스에 있는 고분 도시
- **상형문자:** 고대 이집트인이 사용한 문자
- **서식지:** 동물이나 식물 따위가 일정하게 자리를 잡고 사는 곳
- **선사 시대:** 문자가 만들어지기 이전의 시대
- **순례자:** 종교적으로 중요한 곳으로 긴 여행을 하는 사람
- **아스트롤라베:** 고대부터 중세까지 그리스, 아라비아, 유럽에서 사용된 천체 관측 기구
- **아열대:** 열대와 온대의 중간 지대
- **애벌레:** 알에서 나와 아직 다 자라지 않은 벌레
- **약탈:** 자연재해나 전쟁으로 피해 입은 곳에서 억지로 남의 것을 빼앗는 행위
- **양각기:** 지도나 지구본에서 거리를 측정하는 데 사용되는 도구
- **양서류:** 육지나 물에 서식하며 알을 낳는 척추동물
- **연골어류:** 뼈가 아닌 연골로 골격이 이루어진 어류
- **열대:** 적도를 중심으로 남북 회귀선 사이에 있는 지대

- **용골:** 배 바닥의 중앙을 받치는 길고 큰 재목
- **원시:** 진화의 초기 단계
- **이질:** 심각한 설사를 일으키는 전염병. 현대 의약품을 사용하지 않으면 목숨이 위험할 수 있다.
- **인권:** 모든 인간이 동등하게 가져야 할 안전, 정의 및 자유 등의 권리
- **인질:** 자신의 의지와 상관없이 납치범에게 잡혀 있는 사람
- **전설:** 오래전부터 전해져 오지만 완전히 사실이 아닐 수 있는 이야기
- **제물:** 신을 위해 제사를 지낼 때 바치는 물건이나 짐승
- **청소동물:** 생물의 사체 따위를 먹이로 하는 동물
- **캘리코(옥양목):** 면직물의 종류 중 하나로, 주로 인도에서 생산되어 영국으로 수출되었다.
- **테레빈유:** 소나무의 송진을 수증기로 증류해 얻는 기름
- **트래버스반:** 옛날에 항해 거리를 계산하는 용도로 쓰이던 원반
- **파충류:** 폐 호흡을 하는 척추동물로, 피부는 비늘로 덮인 변온동물
- **포유류:** 새끼를 낳아 젖을 먹이는 척추동물
- **함대:** 바다나 대양에서 전략 및 작전 임무를 수행하는 해군의 연합 부대
- **해적:** 배를 타고 다니면서 다른 배나 해안 지방을 습격해 재물을 빼앗는 강도. 지중해와 북대서양에서 활동했다.
- **혁명가:** 기존 사회 제도를 뒤엎으려는 음모를 꾸미거나 계획하는 사람
- **호기심:** 새롭고 신기한 것을 좋아하거나 모르는 것을 알고 싶어 하는 마음
- **홍역:** 기침으로 바이러스가 퍼져 걸리는 급성 전염병. 예전에는 죽음에도 이르렀지만 오늘날엔 예방 접종으로 예방할 수 있다.
- **화석:** 매장된 식물이나 동물의 사체가 수천 년 또는 수백만 년에 걸쳐 자연적인 과정으로 돌로 변한 것

오싹오싹 공포 세계사

1판 1쇄 발행일 2020년 3월 4일
글쓴이 피오나 맥도널드
그린이 데이비드 앤트럼
옮긴이 문주선
펴낸곳 (주)도서출판 북멘토 펴낸이 김태완
편집장 이미숙 편집 김민정, 김정숙, 송예슬 디자인 유경희, 안상준 마케팅 최창호, 민지원
출판등록 제6-800호(2006. 6. 13.)
주소 03990 서울시 마포구 월드컵북로 6길 69(연남동 567-11) IK빌딩 3층
전화 02-332-4885 팩스 02-332-4875 이메일 bookmentorbooks@hanmail.net
페이스북 https://www.facebook.com/bookmentorbooks

※ 잘못된 책은 바꾸어 드립니다.
※ 이 책은 저작권법에 따라 보호를 받는 저작물이므로 무단 전재와 무단 복제를 금합니다.
※ 이 책의 전부 또는 일부를 쓰려면 반드시 저작권자와 출판사의 허락을 받아야 합니다.
※ 책값은 뒤표지에 있습니다.

ISBN 978-89-6319-347-2 73900

이 도서의 국립중앙도서관 출판예정도서목록(CIP)은 서지정보유통지원시스템 홈페이지
(http://seoji.nl.go.kr)와 국가자료종합목록 구축시스템(http://kolis-net.nl.go.kr)에서
이용하실 수 있습니다. (CIP제어번호 : CIP2020007155)

 인증 유형 공급자 적합성 확인 제조국명 대한민국 사용연령 8세 이상
KC마크는 이 제품이 공통안전기준에 적합하였음을 의미합니다.
종이에 베이거나 책 모서리에 다치지 않도록 주의하세요.